民國文存

74

經史子集要畧

（上）

羅止園　著

知識產權出版社

《經史子集要畧》以《四庫全書》中經史子集的分類為線索，對中國古代典籍進行簡要的梳理。全書從經史子集四個部分分別展開介紹，經部主要介紹了《詩經》《尚書》《禮記》《春秋》《左傳》等正統的儒學十三經，史部對二十四史作了概述，子部介紹了儒、道、法、墨等諸子百家及其思想，集部則梳理了中國古代的文集和詩集。全書在介紹這些傳統典籍時，雖文字簡要精練，但卻幾乎包羅了中國古代各種主要的思想之精粹、智慧之菁華，且其中不乏深刻的見解，是一般讀者學習中國國學的參考書。上冊為經、史兩部分。

責任編輯： 文　茜　　　　**責任校對：** 董志英　　　　**動態排版：** 賀　天
特約編輯： 吳杰華　　　　**責任出版：** 劉譯文

圖書在版編目（CIP）數據

　　經史子集要畧. 上／羅止園著. —北京：知識產權出版社，2015.7
（民國文存）

ISBN 978-7-5130-3629-0

　Ⅰ.①經…　Ⅱ.①羅…　Ⅲ.①經籍—介紹—中國—古代　Ⅳ.①Z126

中國版本圖書館 CIP 數據核字（2015）第 154668 號

經史子集要畧（上）

Jing Shi Zi Ji Yaolüe（Shang）

羅止園　著

出版發行： 知識產權出版社 有限責任公司			
社　　址： 北京市海澱區馬甸南村 1 號		**郵　　編：** 100088	
網　　址： http://www.ipph.cn		**郵　　箱：** bjb@cnipr.com	
發行電話： 010-82000860 轉 8101/8102		**傳　　真：** 010-82005070/82000893	
責編電話： 010-82000860 轉 8342		**責編郵箱：** wenqian@cnipr.com	
印　　刷： 保定市中畫美凱印刷有限公司		**經　　銷：** 新華書店及相關銷售網站	
開　　本： 720 mm×960mm　　1/16		**印　　張：** 17.25	
版　　次： 2015 年 7 月第一版		**印　　次：** 2015 年 7 月第一次印刷	
字　　數： 190 千字		**定　　價：** 66.00 元	

ISBN 978-7-5130-3629-0

民國文存

（第一輯）

編輯委員會

出版前言

　　民國時期，社會動亂不息，內憂外患交加，但中國的學術界卻大放異彩，文人學者輩出，名著佳作迭現。在炮火連天的歲月，深受中國傳統文化浸潤的知識份子，承當著西方文化的衝擊，內心洋溢著對古今中外文化的熱愛，他們窮其一生，潛心研究，著書立說。歲月的流逝、現實的苦樂、深刻的思考、智慧的光芒均流淌於他們的字裡行間，也呈現於那些細緻翔實的圖表中。在書籍紛呈的今天，再次翻開他們的作品，我們仍能清晰地體悟到當年那些知識分子發自內心的真誠，蘊藏著對國家的憂慮，對知識的熱愛，對真理的追求，對人生幸福的嚮往。這些著作，可謂是中華歷史文化長河中的珍寶。

　　民國圖書，有不少在新中國成立前就經過了多次再版，備受時人稱道。許多觀點在近一百年後的今天，仍可說是真知灼見。眾作者在經、史、子、集諸方面的建樹成為中國學術研究的重要里程碑。蔡元培、章太炎、陳柱、呂思勉、錢基博等人的學術研究今天仍為學者們津津樂道；魯迅、周作人、沈從文、丁玲、梁遇春、李健吾等人的文學創作以及傅抱石、豐子愷、徐悲鴻、陳從周等人的藝術創想，無一不是首屈一指的大家名作。然而這些凝結著汗水與心血的作品，有的已經罹於戰火，有的僅存數本，成為圖書館裡備受愛護的珍本，或成為古玩市場裡待價而沽的商品，讀者很少有隨手翻閱的機會。

　　鑑此，為整理保存中華民族文化瑰寶，本社從民國書海裡，精心挑出了一批集學術性與可讀性於一體的作品予以整理出版，以饗讀者。這些書，包括政治、經濟、法律、教育、文學、史學、哲學、藝術、科普、傳記十類，綜之為《民國文存》。每一類，首選大家名作，尤其是對一些自新中國成立以后沒有再版的名家著作投入了大量精力進行整理。在版式方面有所權衡，基本採用化豎為橫、保持繁體的形式，標點符號則用現行規範予以替換，一者考慮了民國繁體文字可以呈現當時的語言文字風貌，二者顧及今人從左至右的閱讀習慣，以方便讀者翻閱，使這些書能真正走入大眾。然而，由於所選書籍品種較多，涉及的學科頗為廣泛，限於編者的力量，不免有所脫誤遺漏及不妥當之處，望讀者予以指正。

目　錄

著者肖像

序一

余弟文杰，少穎悟，年七歲即從余讀書。迨弱冠，補博士弟子，輒冠一軍。光緒庚子，試於鄉，應鶚薦。學制既興，遂入法校讀律。自是而後，一試再試，無能出其右者。既釋褐，任刑曹，行廉潔，能不忝所學，余乃慰。余兄弟少年喜弄文墨，四十年來，以文字與一時多士相周旋，鮮敗北。今老矣，余弟亦以止園止。每值風清月白，相與抵掌談往年科場事，輒爽然失然。止園惓惓於族姓子弟，猶能以余家累世相傳之學授後生，且出其所學，著《經史子集要畧》一書以告世之有子弟者，余乃大慰。止園著書不喜丐人序，余嘉其自愛也，乃弁以數言於此。

七十叟羅文寯

序二

　　張香濤先生曰："由小學入經學者，其經學可信。由經學入史學者，其史學可信。由史學入理學者，其理學可信。以經學史學兼詞章學者，其詞章有用。以經學史學兼經濟者，其經濟成就遠大旨哉！"言乎此，學者之良師也。蓋我中國數千年來之所謂士者，率皆孜孜於前賢所貽留之古籍。師承有自無待旁求，學者猶易為力也。迨清之末葉，學校制興，各種科學紛然雜陳，學者雖有兼人之姿大，過人之才勢，不能兼攻併研，各極其致。於是莘莘學子既致力於科學，而此數千年來浩如烟海之古籍遂無餘力以窺其全豹。好學之士多方搜討，非不苦心孤詣，冀以貫澈，然光陰有限，顧此失彼，志氣薄弱者遂望洋興歎，廢然思返，此亦時勢所當然，無可如何者也。余家子弟達入學年齡，率皆入校讀書，課餘之暇則舉經史子集之文以教之。又以卷帙浩繁，不易尋繹，乃撮其大要分類教授。俾其稍具古學之知識，期勿忘於祖宗之遺[1]留而已。久之，所錄既多，積而成册。雖無提要鈎玄之精，然朝夕講說於吾國相傳之學問，似已稍具端倪。及其長也，則就其性之所近者，日取原書恣其瀏覽，似亦較易為功。蓋自童蒙習之，已有相當根底也。此法不過為家庭功課之一，歷久漸為朋儕所知，往往就余家抄錄，或竟携數

---

　　[1] "遣"當為"遺"。——編者註

篇以去以教其子弟，日久散佚凌亂滋甚。乙亥春暮，友人慫恿付梓，俾有志國學者，識此門徑藉以深造。余初以為科學競爭，我方落後，何可再事文字之學以分青年之精力。顧香濤先生首創學制者也，其不廢國學也。如此意者培養人才之道，涵育陶溶精神建設，或與各科科學相表裏乎。竊不自量，爰識其始末於此，以告世之能讀書者。

共和二十四年三月德州羅止園識

凡例

一**❶**，是編係按四庫目錄經史子集四部分類纂述，以明統系。

二，經部凡列十三經。先將一經大旨詳細講解，次將本經篇目挨次加以說明。讀者雖未誦其原文，實已得其全旨，若再進而讀經，實有事半功倍之效。

三，史部凡列二十四史。每一代史之首詳述脩史者事蹟及本史優劣，復按原書體例錄其篇目。俾讀者一覽如見原本，惟列傳一門，數目等字與原本無異。所列人名及事蹟則係採自各史，擇其習見而又重要者逐一紀載，意在誘導青年多識强記，故與原本列傳人名微有增減，讀者諒之。

四，史部之末附錄揭要一門。多採論文體於論列史事之中，兼可稍知文法，於讀者不無裨益。

五，子部凡列十家。一家之下再分諸子，每於一家之首總叙其梗概；一子之首再叙其書之大旨，復次則錄其篇目；每篇之下又加以略釋，庶學者一覽卽可窺其全旨。又子書偏駁者多偽託寓言，不可盡信。茲併選錄先賢論定之語，明白指示俾學者知所選擇，端其趨嚮。

---

❶ 原各段首序號均為“一”，為方便讀者閱讀，按順序予以編號。——編者註

4

六，集部凡列楚辭、別集、總集、詩文評四類。一類之下再分朝代，錄列其最著名之詩文集。每集之首詳敘作者事蹟及本集內容，並錄前賢定評。一集之中最著之篇目，亦摘要叙明，標其精華。

七，經史子集每部之末，分類列其習見而又重要之書目以資考證。

八，是編原係羅氏家庭中課訓子弟之書。凡本族子弟入中學後，課餘自脩於應讀經書及重要科學外，即授以經史子集之要略，使之稍具普通文學知識。及長，再就其性之所近者，俾專一藝，窮究精研，以資深造。是編實為入門之第一步，學者不可淺嘗輒止也。

九，是編係全部文學之縮影，統系分明。編纂各部次序，絕無擅自刪減凌亂簡略之弊。

十，是編文字雖簡而鈎玄，提要煞費採擇於四部古藉❶，已粗具大略。學者倘能隨時瀏覽，庶幾綱舉目張，有豁然貫通之樂，升堂入室基於此矣。

十一，是編為文學基本，由淺入深，實為研究經史子集之先導。學者欲求博覽，必取原書分類精讀，深其奧蘊。中學時期倘能順序研讀，則普通文學已有相當蓄埴，國學常識自無待於旁求。

十二，是編紀載皆採自成書，古人論說亦皆慎審選擇，取其歷經先賢論定。毫無偏詖流弊者，方始採入。只以限於篇幅，不能一一註明其所據之本，然全部紀述，實無一義無來歷也。

十三，青年修養為一生基礎。是書剪裁雖陋，凡關於古人之嘉言懿行，足資矜式者，無不詳細備載以餉讀者。

---

❶ "藉"當為"籍"。——編者註

十四，是編搜集羣書，隨時皆與純正之教科書參照，求其吻合。讀者以學校課本與是編對照，獲益良多。一得之愚，或可以補他書之未備。

十五，青年志嚮端資、良師訓迪，稍有偏詖，學者隱受其害，入主出奴最為可慮。著者學識淺陋，何敢云教。但是綱之作去取愼審實，已盡選擇指導之能事。初學讀此，自信尚無流弊。

十六，中國古籍至為繁賾，文字蠱惑，代不乏人。顚倒黑白，是丹非素，文人慣技，貽害最深。是編採集，不限於古人及近人之著述，選擇斟酌實具苦心。凡是編不採之學說，多非脫漏讀者，謂為學識不足，未見及此，則可認為杜漸防微，屛棄不取亦可。一言以蔽之，不欲誤我子弟，亦不欲誤人子弟也。

十七，是編原為家庭課本，初無問世之意，嗣為朋儕所知，展轉借抄，或竟携數篇以去，日久恐有散佚，倉猝付梓。謬誤孔❶多，知不免為世之識者譏焉。只可自怡悅，不堪持贈君，是編之作實同此感。

十八，家居督課子弟，隨時參考時賢著作，今是昨非已二十餘年。考訂脩正，不知凡幾。取之他山，廣我見聞，特識感謝。

十九，中等學校各種科學兼授併注，已足耗學生之精力。惟日孜孜猶恐不足，若再責以深奧之古學，不惟漫無涯涘，難期近功，亦實為光陰所不許。是編卽為救濟此種困難而作，非敢云由博返約也。

二十，家庭教授子弟，隨講隨錄，只求易於記憶，無復體裁之可言。餖飣之學，識者諒之。

廿一，是編原稿尚多，茲為初學便於記憶，節省時間。減之又

---

❶ "孔"當為"恐"。——編者註

減，遺漏更多，以全部國學縮編於一册之中，彈丸乾坤，知不免於博雅軒藁矣。

廿二，本族子弟卒業於大學及專科學校者，頗不乏人。雖駑駘不才，尚能自立，各盡其國民責任。此固由於國力之培養，然受益於是編者，亦復不少，讀者幸勿河漢斯言。

經部

經，常也。有五常之道，故曰五經。六經者，《易》《書》《詩》《禮》《樂》《春秋》也。《樂經》亡於秦火，故又稱五經。十三經者，《周易》《尚書》《毛詩》《周禮》《儀禮》《禮記》《春秋》《左傳》《春秋公羊傳》《春秋穀梁傳》《孝經》《論語》《孟子》《爾雅》是也

經學源流

中國文字萌芽最早，古籍流傳，浩渺難窮，三墳〔傳為伏羲，神農，黃帝之書〕、五典〔傳為少皞，顓頊，高辛，唐虞之書〕、八索〔相傳為八卦之說〕、九邱〔相傳言九州之宜〕之說尚矣。至《莊子·天運》篇，始有六經之名。〔《天運篇》載孔子嘗謂老聃曰："吾治《詩》《書》《易》《禮》《樂》《春秋》六經以為文，于七十二君論先王之道"等語"六經"之名始見於此。〕其後秦始皇《焚》書，《樂》《經》亡。至漢武帝時，置五經博士，五經之名始定。《史記》《漢書》則稱六經為"六藝"歷代相沿，遞有增加。而後有七經〔《考古類篇》稱七經者，五經之外兼《周禮》《儀禮》也〕、九經〔唐時立學官以《易》《詩》《書》三禮，"春秋三傳"為經〕、十經〔《南史》以五經、五緯為十經，按《緯書》起於漢儒，皆托古作制，今已多不可考。惟《易緯》八種，如《乾鑿度》等書尚存。又有《讖書》專言神怪前知，世稱讖緯學，率皆偽託不可與經並論。故《文心雕龍》有"緯書四偽"之說〕、十二經〔經典釋文以六經字緯為十二經〕之目。至宋時程朱諸儒，又取禮記中之《大學》《中庸》二篇另為一編，又進《孟子》以配《論語》，謂之四書，而後十三經之名以定十三經者。宋於唐之九經易、詩、書、三禮〔《周禮》《儀禮》《禮記》〕、三傳〔左氏，公羊，穀梁〕外增加《論語》《孝經》《孟子》《爾雅》是也。

孔門傳經，實啟中國數千年之文運。故朱竹垞曰："孔門自子夏兼通六藝而外，〔孔子弟子惟子夏於諸經獨有書，故於易有傳，於詩有序，於禮則有《儀禮·喪服》一篇。故後漢徐防上疏曰："發明章句始於子夏也。"〕若子木之受易，子開之習書，子輿之述孝經，子貢之問樂，有若仲弓、閔子騫之撰論語，而傳士喪禮者，實儒悲之功也。"

秦火之後，古籍散亡。至漢惠帝時除携書律，於是民間所藏古籍，始陸續發現。然經此浩劫之摧殘，與夫文字之變遷，〔中國文字，自蒼頡造字，世稱古文。以後至周，史籀又就古文改造大篆，大篆一名籀文。至秦，李斯又減省大篆為小篆。秦漢之間，又改為隸書。較小篆更便於誦習，故世又稱隸書，為今文。而中國經學卽因此文字書寫之不同，分出今文學〕

（與古文學）而後傳經諸儒，各守師說，顯分派別，（漢置傳經十四博士易四家：施、孟、梁丘賀、京房。書三家：歐陽和伯、夏侯勝、夏侯建。詩三家：申培、轅固、韓嬰。禮二家：戴德、戴聖。春秋二家：嚴彭祖、顏安樂。各以家法教授，皆今文學。當時十四家皆立學官，故漢代經學推崇今文。當時古文學家則易有費直，書有孔安國，詩有毛亨、毛萇，均未立學官）只以文字形式（大篆與隸書）之差異，經師傳授，各分門戶。（漢儒治經謹守師說，如易有梁丘、施、孟、費高；書有伏、孔；禮有二戴、慶氏；春秋有左氏、公羊、穀梁。其間各家文字異同，章句錯互，各守師傳，不相沿襲）故凡治經不守家法者，世不相信。乃至魏晉之世，古文學大興，（漢末鄭康成治經，兼採今古文。魏王肅、晉王弼相繼推重古文，於是古文學在漢未立學官者，至三國後均立學官）今文遂衰。唐代治經，承襲古文學，乃有注疏之作。（《舊唐書·儒學傳》："太宗以經籍去聖久遠，文字多訛謬，詔前中書侍郎顏師古考定五經，頒於天下。又以儒學多門，章句繁雜，詔國子祭酒孔穎達與諸儒撰定《五經義疏》，凡一百七十卷，名曰《五經正義》今天下傳習。《高宗紀》永徽四年三月壬子朔，頒孔穎達《五經正義》於天下。時，但有《易》《書》《詩》《禮記》《左氏春秋》五經。永徽中，賈公彥始撰《周禮》《儀禮》《義疏》。公羊，徐彥疏。穀梁，楊士勛疏。共九經，近世稱為義疏派。其後宋邢昺疏《孝經》《論語》《爾雅》《孫奭疏《孟子》，世稱《十三經注疏》是也。又唐以科舉取士，經義一以孔氏學說為本，故仍重古文學，邢昺疏亦宗孔賈，偏重古文）當時雖以科舉取士，（設明經，進士二科）但應試之文，一以孔氏（穎達）學說為本。宋代經學，其初仍遵唐代注疏，（邢昺疏《孝經》《論語》一宗賈孔）然宋儒治經，始有性理之說。朱熹陸（九淵）異同，爭辯甚烈，又以臆斷古籍，多所懷疑，（孫復疑"春秋三傳"，朱熹疑古文《尚書》，世稱宋學為懷疑派，實則唐之趙匡、啖助、陸淳等，已有此主張，至北宋慶歷之後，遂成為風氣）（歐陽脩疑《易》之繫辭之類）開後世考證之端，而古文學遂衰。元明二代，專重朱熹學說，一如唐代之重孔賈。又以明末姚江學派（王守仁）之流於虛妄，始有顧亭林舍經學無理學之主張，漸以啟清初諸儒反對宋學，興復漢學（古文）之機。（清初惠士奇及子棟均力攻擊漢以後諸學說墨守漢學，世稱蘇州學派，又稱吳派。又清方以智、閻若璩、胡渭、毛奇齡、戴震諸儒，皆注重考據，其治經方法，率持懷疑觀念）以故清代學者，多重攷證，樸學大興，此歷代經學之大略也。（按經學古文、今文之分，惟尚書一經最為複雜。不但本書有古今文之別，其中又有偽古文及偽孔傳之辯。今所傳者，雖號稱今文，但其中亦多有古文，原本均經註明，一覽便知。然偽古文尚書，東晉時始出（梅頤獻），其時未經永嘉之亂，古書多在採擇掇輯，無一字無所本。雖其文字平緩卑弱不類古文，而古聖賢之格言大訓往往在焉。故白田王氏，武進莊氏均有古文，雖知其偽，斷不可廢之說）

11

易經

易之為書，推天道以明人事者也。其道廣大，無所不包，一陰一陽，變化無方，四聖相承^{伏羲、文王、周公、孔子}闡發已盡。漢儒言象數，去古未遠也。一變而為京焦^{京房學易於焦延壽，均前漢人}，入於禨祥，再變而為陳邵^{陳搏邵雍，皆宋人}，務窮造化，易遂不切於民用。王弼盡黜象數，說以老莊。一變而胡瑗、程子，始闡明儒理。再變而李光、楊萬里，又參證史事，易遂日啟其論端。此兩派六宗^{古文、今文}，已互相攻駁。而方外爐火之說，後世亦援以入易，愈傳愈歧，去易之道更遠矣。

伏羲氏始畫八卦

《五帝紀》：伏羲氏見河出圖，於是仰觀象於天，俯觀法於地，中觀萬物於人^{物卽事}，乃畫八卦。因而重之，為卦六十有四，以通神明之德，以類萬物之情，是為易之鼻祖。

連山易

連山夏易名。

歸藏易

歸藏，湯易名。以坤為首，先坤而後乾。以為乾道至順常靜，而生生無為者，乃有為之母也。

周文王演易於羑里

史稱文王為西伯，紂囚之於羑里。文王乃取伏羲氏六十四卦，次序而演之，作為卦卜之辭，以垂世立教，是為《周易》。

周易概要

周，代名也。易，書名也。其卦為伏羲氏所畫，太古尚無文字，故一畫象陽，雙畫象陰，太極兩儀，生生不已。有交易、變易之理，故謂之易。傳曰："數往者順，知來者逆。"是故易逆數也，故易寓於卜筮。伏羲畫卦，至文王、周公又繫以文辭，孔子又

為之傳，傳卽十翼也。繫辭傳、說卦傳、文言序卦傳、雜卦傳等
篇皆孔子所作，以闡揚易理，世稱十翼

周易上、下經

聖人作易之初，奇畫為陽，耦畫為陰，有天道焉，有地道焉，
有人道焉。仰觀俯察，見夫盈天地之間者，無非一陰一陽之理。有
是理則有是象，有是象則其數便在於是。所謂象者，蓋皆假借衆人
所共知之事物，以形容此事之理，使人知所以取舍。伏羲畫卦，只
此數畫，並無文字，文王、周公，相繼演繹。而後自略而詳，易道
大彰，於是乃有上、下經之分。上經有卦三十，下經有卦三十四，
皆文王、周公所繫之辭也。

上經卦名

乾 坤 屯 蒙 需 訟 師 比 小畜 履 泰 否 同人
大有 謙 豫 隨 蠱 臨 觀 噬嗑 賁 剝 復 无妄 大畜
頤 大過 坎 離

下經卦名

咸 恒 遯 大壯 晉 明夷 家人 睽 蹇 解 損 益
夬 姤 萃 升 困 井 革 鼎 震 艮 漸 歸妹 豐 旅
巽 兌 渙 革 中孚 小過 既濟 未濟
以上共六十四卦。

繫辭傳 上下

繫辭上下傳，皆孔子統論一經之卦爻大體，無經可附，故自為上下篇，闡明各卦之奧蘊，使後之學者，融會貫通。神而明之，以窮造化之理也。設只有上下經，而無繫辭傳，則象數之學不明，理義之微不著，而易亦不能致用於萬世矣。蓋易稱繫辭，本謂文王、周公所作之辭。繫於卦爻之下者，即今之經文。此篇乃孔子所述繫辭之傳也，計上傳十三章，下傳十二章。

說卦傳

胡氏曰，說卦首論生著立卦，次及伏羲、文王卦位不同，論八卦之象甚備。其象多是夫子所自取，不盡同於先聖。若分文王、周公之易而各自求之，則坦然明白矣，本傳共十一章。

序卦傳

此亦聖人之蘊，因卦以發。中間有不可求之大深處，只是略藉卦名，以敘其所以相承者，本傳有上下二篇。

雜卦傳

上述序卦傳，流行之易也。此雜卦傳，對待之易也。此篇夫子明易卦有反對之畫，而亦有反對之義，故開首卽云乾剛坤柔。比樂師憂，蓋不外乎陰陽消長之至理也。

書經

書以道政事，卽古者左史紀言之書。三墳五典，浩渺難窮。故孔子删書，斷自唐虞，而危微精一十六字之心傳，典模❶訓誥古帝王之治法，乃得永垂後世，昭若日星，惟《尚書》有古文今文之異。今文者，漢伏生所傳，自漢室通行至今。古文尚書乃孔子壁中書，皆蝌蚪文，人不能知。孔安國以所聞於伏生者，考定文義，用傳於世，比今文尚書多二十五篇。宋儒多疑其偽，至清閻若璩撰《古文尚書疏證》一書，專辯其偽，其論始定，皆知古文尚書係偽造矣

儒者爭論，至閻若璩而始明。今所傳者，今文尚書也。

虞書

虞，代名也。帝舜有虞氏，黃帝八代孫，姓姚氏。書凡五篇，《堯典》一篇，雖紀唐堯之事，然本虞史所作，故屬於虞書。

堯典

堯、唐帝名。典，法則也。此篇所載帝堯之事，皆可為後世法，故名曰《堯典》。本篇皆紀帝堯敬天勤民之事，叙帝之德業，而

---

❶ "模"當為"謨"。——編者註

首冠以欽字。此書中開卷第一義學者，深味而有
得焉，則一經之全體，不外是矣
足見聖人之心法治法，初無二致。萬世道統，昭然若揭矣。

舜典

舜、虞帝名。繼堯而有天下，聖聖相承，故曰重華協帝。本篇
首敘徵庸時事，言帝與堯同德也。再敘攝位時事，以帝代堯整理大
政也。末敘卽位時事，以帝求賢致治也。

大禹謨

大禹姓姒氏，黃帝之玄孫。謨，謀也。蓋堯典、舜典，已紀
唐、虞二帝之訓。於是又紀其君臣之間之嘉言善政，曰大禹謨、曰
皋陶謨、曰禹稷，共三篇，所以補二典之未備也。本篇首言致治維
艱，次言攝位執中，末言征苗以德。要皆以敬字為主，可見聖聖相
傳之心法矣。

皋陶謨

皋陶，禹之臣名，是篇皆紀禹與皋陶問答之辭。

益稷

伯益、后稷二人，佐禹成功，故以名篇。本篇所紀皆當時君臣
保治之言，蓋是時天下已治，雖於作樂賡歌之際，仍寓夤恭寅畏之

心。所謂聖治已極，聖心無極也。

夏書

夏禹有天下之號也，書凡四篇。《禹貢》作於虞時，而繫之夏書者，禹之王以是功也。

禹貢

貢者，夏后氏賦稅之總名。本篇敘大禹治水之本末，及九州貢賦，建官弼服，以告成功。大哉神禹，此其所以德紹虞舜也。

甘誓

甘，地名。有扈氏之南郊也，禹之子啟，卽天子位。有扈氏不服，啟乃命六軍征之。此其誓師之辭，書有六體，誓其一也。

五子之歌

五子皆太康帝之弟，是時太康失德，游畋忘返。有窮^國_名后羿，距於河，遂廢太康。其弟五人咸怨，乃述禹之戒以作歌，自是夏德始衰，本篇首敘作歌之由，次記歌辭。

胤征

胤，國名。征者上伐下也，此篇亦誓詞。是時羿既廢太康，立其弟仲康，實則陰為篡國之謀。乃仲康卽位之始，以胤后為賢，使為大司馬，而掌六師，以討羲和。羲和，羿之黨也。當此國運中衰之際，尚能興師伐罪，猶為禮樂征伐自天子出。孔子所以錄其書者，其以是乎。

商書

契事唐虞為司徒，始封於商。至湯因以為有天下之號，書凡十七篇。

湯誓

湯，名履，姓子氏。夏桀暴虐，湯往征之。亳衆憚於征役，故湯諭以弔伐之意。蓋師興之時，而誓於亳都者也。

仲虺之誥

仲虺，臣名，為湯之左相。誥，告也。蓋誓者，用於軍旅。誥者，用於會同，以論衆也。是時湯既伐夏，惟有慚德，故仲虺作誥，以釋湯慚。本篇大意言天民咸歸，以見湯之伐夏，實不得已也。

湯誥

湯既伐夏，乃歸於亳，諸侯來朝，湯作誥，以與天下更始。

伊訓

太甲卽位，不明厥德。伊尹為冢宰，放太甲於桐宮，乃自攝政，作此篇以訓導之。本篇亦訓體，所謂有伊尹之志則可也。

太甲上太甲中太甲下

三篇皆伊尹與太甲往復之詞。蓋太甲居桐三年，自怨自艾，處仁遷義，伊尹乃奉太甲復居於亳。三篇相屬成文，亦訓體也。

咸有一德

伊尹既復政於太甲，將告歸，恐太甲德不統一，任用非人。故作此篇以陳戒其君，亦訓體也。

盤庚上盤庚中盤庚下

盤庚既立，商道寖衰。耿都又有河決之害，乃自耿遷都於亳。

惟時臣民安土重遷，胥動浮言，盤庚作書三篇以諭之，改商曰殷，
行湯之政，商道復興。

說命上說命中說命下

本篇記高宗命傅說之言也。武丁嗣位，是謂高宗，夢帝賚以良
弼，乃得說於版築之巖，遂以為相。上篇記得說命相之辭，中篇記
說為相進戒之詞，下篇記說論學之詞，總謂之命者。高宗命說，實
三篇之綱領也。

高宗肜日

肜，祭名。高宗舉行肜祭，有飛雉升鼎耳而雊。祖已作此篇以
訓王，亦訓體也。

西伯戡黎

周文王為西伯，黎國無道，文王於是舉兵伐之。祖伊見周德日
盛，勢必及殷，奔告於紂，冀其改悔，乃作此篇，亦誥體也。

微子

微，國名。子，爵也。微子名啟，紂之庶母兄。是時紂為不
道，殷德益衰。微子痛殷之將亡，乃謀於箕子、比干，以商去就之
道。史臣記其問答之詞，亦誥體。其後微子去之，箕子為之奴，比

干諫而死，孔子曰：殷有三仁焉。

周書

周文王^{名昌，姬姓，為}國號，武王^名因以為有天下之號。書凡三十二篇，惟《泰誓》一篇，漢儒疑其偽。

泰誓上泰誓中泰誓下

武王伐殷，史錄其誓師之言。蓋武王大會孟津，故以"泰誓"名之。泰者，大也。上篇未渡河作，後二篇既渡河作。

吳氏曰："湯武皆以兵受命，然湯之詞裕，武王之詞迫。湯之數桀也恭，武之數紂也傲。學者不能無憾，疑其書之晚出，或非盡當時之文。"

牧誓

牧，地名，在朝歌南。武王軍於牧野，臨戰誓師之辭也。

武成

武王伐紂既成功，乃偃武脩文，歸馬於華山之陽，放牛於桃林之野，示天下弗服。本篇乃總叙伐商之始終也。

洪範

武王克殷，訪問箕子以叙倫之道，箕子乃舉大禹洪範九疇之說以告之。本篇皆記箕子告武王之詞。蓋大禹陳洪範，而箕子推衍之，以明倫常之道發於天，敍倫之始乃在人君也。

旅獒

是時西旅^{國名}貢獒，召公以為玩物喪志，非所當受，易啟人君好異之心，不可以示諸侯，乃作此篇，用訓於王。

金縢

武王有疾，周公以王室未安、殷民未服、根本易搖，故請命三王，欲以身代武王之死。史錄其事之始末及冊祝之文，合為一篇。因當時周公藏祝詞於金縢之匱中，故以名篇。

大誥

武王克殷，封紂之子武庚於殷，命管叔、蔡叔、霍叔^{皆文王子}三人監殷。武王崩，成王立，周公相，三叔流言，公將不利於孺子，^{指成王也}周公乃避居東都。後成王悟，迎周公歸，三叔乃與武庚叛，成王命周公東征以討之，大誥天下。書言武庚而不言管叔者，為親者諱也。本篇語多主卜言，蓋以見天命人事之不可違。反復誥諭，聖人之心可見矣。

微子之命

微，國名。子，爵也。成王既殺武庚，乃封微子於宋，以奉湯祀。史錄其誥命，即以名篇。

康誥

康叔，文王之子、武王之弟，誥命為衛侯，以明德、慎罰為訓。此篇當在《金縢》之前，以文王之子，不應至成王時始受封也。

酒誥

商紂酗酒，天下化之。妹土，商之都邑，其染惡尤甚。武王以其地封康叔，故作此篇以教之，恐其沈湎於酒，荒於政也。

梓材

本篇亦武王誥康叔之辭，諭以治國之理，欲其通上下之情，寬刑辟之用也。

召誥

初武王作邑於鎬京，謂之宗周，是為西都，將營成周居於洛邑，未果。至是成王欲如武王之志，乃使召公先往相宅，營築王城，定鼎於洛陽，是為東都。召公乃作此誥，以達於王。其拳拳於歷年之久，及夏商之廢興，以誡小民為祈天命之本。古之大臣為國家深謀遠慮，可以見矣。

洛誥

洛邑既定，周公遣使告卜。史氏以“洛誥”名篇，又并記其君臣問答之詞，及成王命周公留治洛之事。蓋周公作洛之始終，而成王舉祀發政之後，即歸於周，而未賞❶都洛也。

多士

殷商之民，遷洛者亦有有位之士，故周公洛邑初政，以王命總呼多士而告之。本篇開首即稱商王士者，貴之也。

無逸

逸者，人君之大戒。自古有國家者，未有不以勤而興，以逸而

---

❶ “賞”，當為“嘗”。——編者註

亡者。益戒舜曰：“罔遊於逸，罔淫於樂。”舜，大聖也，益猶以
是戒之。後世之治國者，其可忽乎哉。成王初政，周公懼其知逸而
不知無益也，故作是篇以訓之。上自天命精微，下至畎畝艱難，閭
里怨詛，無不具載，實天下萬世之龜鑑也。

君奭

是時，召公以老欲告歸而去，周公留之。君者，尊之之詞。
奭，召公名也。古人尚質，故呼名。本篇皆周公留召公之言。末節
云：“往敬用治。”蓋召公已留，故周公飭遣就職。厥後召公相成
王，又相康王。甘棠之詠，有由來矣。

蔡仲之命

蔡，國名。仲，字，蔡叔之子也。叔歿，周公以仲賢，乃命諸
成王，復封之蔡。此其誥命之辭也。

多方

成王卽政之明年，商奄又叛，成王征滅之。王來自奄，至於宗
周，乃作此篇，以誥天下。因是時扇亂者，不止殷人，淮夷、徐
戎，實與其事，故周公傳王之命。首曰：“告爾四國多方。”亦誥
體也。

蘇氏曰：“《大誥》《康誥》《酒誥》《梓材》《召誥》《洛誥》
《多士》《多方》八篇，雖所誥不一，然大略以人心不服周而作也。

予讀《泰誓》《武成》，常疑周取殷之易，及讀此八篇，又怪周安殷之難也。"

立政

吳氏曰："此書戒成王以任用賢才之道，而其旨意，則又上戒成王專擇百官有司之長。蓋古者外之諸侯，一卿已命於君；內之卿大夫，則亦有自擇其屬。如周公以蔡仲為卿士，伯冏、慎簡乃僚之類。其長既賢，則其所舉用無不賢者。"本篇亦誥體也。

周官

此成王訓迪百官之辭，亦訓體也。此篇與《周禮》所載不同，如本篇所稱，三公論道經邦、三孤二公弘化、職任之大、無逾於此，然《周禮》皆不載。蓋周公作《周禮》，所載多治事之官。三公三孤，皆師保重職，故特鄭重，未及叙述，周公已亡。故《周禮》一書，首末未備，觀其內容尚缺《冬官》一篇可以見矣。

君陳

君陳，臣名。周公遷殷頑民於下都，親自監之。公既歿，成王命君陳代周公監之。此其策命之辭也。

顧命

顧，還視也。此成王將崩，命羣臣立康王之遺言也。呂氏曰：“成王經三監之變，王室幾搖，故此正其終始，特詳焉。“顧命”，成王所以正其終。“康王之誥”，康王所以正其始也。”

康王之誥

本篇記康王卽位伊始，諸侯朝見之禮，太保等臣陳戒於君之辭，及王之答辭，由是諸侯率服。

畢命

康王以成周之衆命畢公保釐，此其册命也。蓋周公遷殷之頑民於洛邑，至是已歷三紀。世變風移，四方無虞，康王命畢公安定而治理之。觀其辭曰：“惟周公克愼厥始，惟君陳克和厥中，惟公克成厥終。”數語，康王求治之心可見矣。

君牙

君牙，臣名。穆王命君牙為大司徒，此其誥命也。篇中屢稱其先人成績，蓋君牙之乃祖乃父，皆當時之賢臣也。

冏命

穆王命伯冏為太僕正，此其誥命也。

呂氏曰："陪僕執御之臣，後世視為賤品，而不之擇者。曾不知人主朝夕與居，氣體移養，常必由之潛消默奪於冥冥之中，而明爭顯諫於昭昭之際，抑末矣。自周公作立政，而歎綴矣虎賁，知恤者鮮，則君德之所繫，前此知之者已罕矣。周公表而出之，其選始重。穆王之用太僕正，特作命書。至與大司徒略等，其知本哉！"

呂刑

呂侯為天子司寇，穆王命訓刑以誥四方也。此篇專訓贖刑。蓋因穆王巡遊無度，財困民勞。至其末年，無以為繼，乃為此一切權宜之計，以斂民財。故本篇首節，史氏記其事曰："惟呂命王享國百年，耄荒度作刑以詰四方。"蓋貶辭也。

文侯之命

是時幽王為犬戌❶所殺，晉文侯與鄭武公迎太子宜臼立之，是為平王，遷於東都，^{洛陽}史稱東周。平王以文侯為方伯，賜以秬鬯弓矢，作策書命之，史錄其辭為篇。自是而後，王室微弱，政由方伯，周德衰矣。

---

❶ "戌"當為"戎"。——編者註

費誓

費，地名。當時淮夷、徐戎並起為寇，魯侯征之，以費誓眾，史氏故以名篇。

《呂氏》曰："伯禽撫封於魯，夷戎妄意其未更事，且乘其新造之隙。而伯禽應之者，甚整暇有序。先治戎備，次之以除道路，又次之以嚴步伍，又次之以立期會。先後之序，皆不可紊。又按《費誓》《秦誓》二篇，皆侯國之事，而擊於帝王書末者，猶《詩》之錄商頌、魯頌也。"

秦誓

周襄王二十五年，杞子自鄭使告於秦曰："鄭人使我掌其北門之管，若潛師以來，國可得也。"秦穆公問於蹇叔，蹇叔不可。公使孟明、西乞、白乙伐鄭，晋襄公帥師敗秦師於殽，囚其三帥。穆公悔過，誓告羣臣，史錄其辭即以名篇。

詩經

詩有四家，[轅固，申公培，韓嬰，毛亨、毛萇]毛氏獨傳。[轅固，魯人，傳魯詩。申公培，齊人，傳齊詩。韓嬰，燕人，傳韓詩。今三家已亡，惟毛詩存，故《詩經》又稱《毛詩》]孔子自衛返魯，而後樂正，雅頌各得其所。蓋詩三百篇，自孔子刪定後，所存者皆精義奧旨，溫厚典雅。故孔子曰："詩三百，一言以蔽之，曰：思無邪。"孔門傳詩，首推子夏。[毛詩序為衛宏作，見《後漢書·儒林傳》。世稱孔子作詩序，或云子夏作，皆不可從]大小毛公，[亨、萇]學衍西河，而詩之教乃宏。詩有六義，有四始。六義者，風、雅、頌與賦 比、興也。[風、雅、頌為詩之分類，賦、比、興為詩之體裁。故風詩用賦體可，用比體可，用興體亦可。雅、頌亦然。是風雅頌為經，賦比興為緯，學者不可將此義平看，茲特加一與字以別之]四始者，《關雎》為風之始，《鹿鳴》為小雅之始，《文王》為大雅之始，《清廟》為三頌之始也。

凡詩之所謂風者，教也，多出於里巷歌謠之詞，男女情思之作。惟《周南》《召南》二篇，以被文王之化。男女之間，得其性情之正。故發為詩歌，樂而不淫，哀而不傷，是為正風。自邶風以下，其國之治亂不同，人之賢愚亦異。其所感而發於言者，亦有是非邪正之殊，則為風之變體也，是為變風。所謂雅者，正也。類皆朝會宴享公卿大夫之作，雖有大雅、小雅之分，要不外乎形容政教之詞，是為正雅。迨至王道既衰，禮義廢弛，當時賢哲，閔時病俗，發為詩歌，以寫其憂慮。聖人取之，以資觀感，則為雅之變體矣，是為變雅。所謂頌者，容也。類皆鬼神宗廟祭祀歌舞之樂。其語和而莊，其義寬而密。禮既出於事神，詞皆取乎頌禱，故頌無變體。此風、雅、頌之大略也。

賦者，直陳其事，不譬喻也。比者，以彼物譬此物也。興者，起也，借物起詞，非必有感於此物也。此賦、比、興之大略也。

風

《詩》之名風，厥有三義。一繫乎土。天有八風，以宣其氣。人資五土，以命其質。故五方異性，百里殊風，記所謂命太師陳詩以觀民風者此也。一繫乎上。風俗有隆污，由於政教有純疵。其漸漬披拂，往往入人於不覺，如風之動物，自然而感於謠詠成聲也。一繫乎體。列國各有政教，則亦各有聲歌。然其體自一，學者誠能卽音律之間，以求其意。超言詞之上，以會其歸。如風之為物，輕揚和腕，託物而不著於物也。

國風

國者，諸侯所封之域。而風者，民俗歌謠之詩也，諸侯采之，_{古者行人振木鐸以采風}以貢於天子。天子受之，而列於樂官，於以考其俗尚之美惡，而知其政治之得失焉。舊說，二南_{《周南》《召南》}為正風，所以用之閨門鄉黨邦國而化天下也。十三國_{自邶以下}為變風，則亦領在樂官，以時存肄，備觀省而垂鑒戒耳，合之宋魯凡十五國，然宋與魯皆侯國而無風。先儒以為時王襄、周公之後，_魯比於先代，_宋故巡守不陳其詩，而其篇序不列於太師^{樂官}之職，是以宋魯無風，理或然歟。

周南十一篇

周，國名。南，南方諸侯之國也。周國本在禹貢雍州岐山之陽，至文王辟地愈廣，徙都於豐，而分岐周故地，以為周公旦、召公奭之采邑，且使周公為政於國中，而使召公宣布於諸侯，於是化行南國。江沱汝漢之間，莫不從化，蓋三分天下而有其二焉。迫至周公相成王，制作禮樂。乃采文王之世，風化所及民俗之詩，被之管絃，所以著明先生風俗之盛也。

《關雎》《葛覃》《卷耳》《樛木》《螽斯》《桃夭》《兔罝》《芣苢》《漢廣》《汝墳》《麟之趾》。

召南十四篇

召，地名，召公奭之采邑也。本篇多言夫人及大夫妻之德，以見當時修身齊家，風俗淳美，治道之隆也。

《鵲巢》《采蘩》《草蟲》《采蘋》《甘棠》《行露》《羔羊》《殷其靁》《摽有梅》《小星》《江有汜》《野有死麕》《何彼穠矣》《騶虞》。

邶風十八篇

邶、鄘、衛，三國名。武王克商，分自紂城。朝歌而北謂之邶，南謂之鄘，東謂之衛，以封諸侯。邶、鄘，不詳。衛，則武王弟康叔之國。或曰：邶、鄘、衛，三監之故墟也，卒并於衛。蓋

《詩》得於衛者為衛，得於邶、鄘者為邶鄘。但自《柏舟》以下，計邶國十八篇、鄘國十篇、衛國十篇，所詠皆衛事，所錄皆衛詩。以下十三國，皆變風也。周得后妃，而致二南之盛。衛失莊姜，而招狄禍之慘。讀《詩》者三復國風，而知世運之隆替矣。衛國地濱大河，其人氣浮而質弱，又以土地肥饒，不費耕耨，故其民心怠惰。發於詩歌，亦淫靡邪僻。試讀"有狐綏綏"，及"投我以本瓜"諸章，可以想見其民德之衰也。

《柏舟》此婦人不得於其夫之詩。與鄘風不同《綠衣》《燕燕》《日月》《終風》《擊鼓》《凱風》《雄雉》《匏有苦葉》《谷風》《式微》《旄邱》《簡兮》《泉水》《北門》《靜女》《新臺》《二子乘舟》。

鄘風十篇

《柏舟》《牆有茨》《君子偕老》《桑中》《鶉之奔奔》《定之方中》《蝃蝀》《相鼠》《干旄》《載馳》。

衛風十篇

《淇澳》《考槃》《碩人》《氓》《竹竿》《芄蘭》《河廣》《伯兮》《有狐》《木瓜》。

王風十篇

王者有雅無風，蓋雅之所紀，皆天子禮樂征伐，命德討罪之事。尊尊親親，賢賢貴貴，綱紀秩然。小雅之變，雖有刺譏之詞，然其體究與風異也。周自東遷而後王室衰微，無復統馭，其時詩之載諸簡篇者，率多采自民間，無復王者雍雍大雅之氣象，體制聲節，與風無異。彼《黍離離》一篇，尤足見東遷衰頹之迹。故本篇不得不夷於列國，而降為風，其仍以王名篇者，所謂告朔餼羊而已。

《黍離》《君子于役》《君子陽陽》《揚之水》《中谷有蓷》《爰》《葛藟》《采葛》《大車》《丘中有麻》。

鄭風二十一篇

鄭，國名。本王畿內諸侯。周既東遷，遂為列國。桓公、武公相繼為周司徒，善於其職，故《鄭風》首列《緇衣》之什，以見周人愛之之深。《將仲子兮》以下，類皆淫奔之詩，則其侯職不脩，風化日漓，於此可見。《女曰雞鳴》一章為賢夫婦相警戒之辭，在《鄭風》為空谷足音。其餘若《蔓草》、若《溱洧》等詩，直淫靡荒亂，不足取矣。鄭、衛之樂，皆為淫聲。然衛詩三十九，而淫奔之詩只四之一。鄭詩二十有一，其淫奔者已七之五。孔子曰"鄭聲淫"，其是之謂乎。

《緇衣》《將仲子》《叔于田》《大叔于田》《清人》《羔裘》《遵大路》《女曰雞鳴》《有女同車》《山有扶蘇》《蘀兮》《狡童》《褰裳》《丰》《東門之墠》《風雨》《予矜》《揚之水》《出其東門》《野有蔓草》《溱洧》。

齊風十一篇

　　齊，國名。周武王以封太公望，東至海、南至穆陵、西至於河、北至無棣。姜姓木❶為四岳之後，既封於齊，通商惠工，有魚鹽之利，民多歸之，遂為大國。首列《雞既鳴矣》一章，詠賢妃也。惟齊俗誇詐，故《子之還兮》一章，藉田獵之事，以發揮其意氣飛揚，互相矜誇之意。而《南山》《敝笱》二什，則宮闈穢亂，已無泱泱大風之概。此殆所謂齊俗急功利，喜誇詐之流弊歟。

　　《雞鳴》《還》《著》《東方之日》《東方未明》《南山》《甫田》《盧令》《敝笱》《載馳》《猗嗟》。

魏風七篇

　　魏，國名。周初以封同姓，後為晉獻公所滅。其地南枕河曲、北涉汾水，地處陋隘，民貧俗儉，有聖賢之遺風，無鄭衛之淫靡。然吝嗇褊急，非享國常久之道。雖桃棘懷忠，屺岵盡孝，亦何益哉！糾糾葛屨，既刺褊心，十畝桑間，賢人偕隱。此蓋所謂其民哀以怨，其聲急以促者歟。

　　《葛屨》《汾沮洳》《園有桃》《陟岵》《十畝之間》《伐檀》《碩鼠》。

---

❶ 原文不清晰，"木"疑為"本"。——編者註

唐風十二篇

　　唐，國名。本帝堯舊都。周成王封弟叔虞為唐侯，以南有晉水，故不再傳而改國號曰晉。其他[1]土瘠民貧，勤儉質樸，憂深思遠，有堯之遺風。是以《蟋蟀》一什，雖樂而無荒也。

　　《蟋蟀》《山有樞》《揚之水》《椒聊》《綢繆》《杕杜》《羔裘》《鴇羽》《無衣》《有杕之杜》《葛生》《采苓》。

秦風十篇

　　秦，國名。初伯益佐禹治水有功，賜姓嬴氏。平王東遷，秦襄公以兵送之，王封襄公為諸侯，曰：“能逐犬戎，即有歧豐之地。”秦於是始有周西都畿內八百里之地，而與列國通使聘之禮。秦為周之故都，故其流風遺俗，猶有先王之舊。敵愾同仇，更見尚武之心。觀《車鄰》《駟鐵》諸篇，可以見其勇於赴敵。《小戎》《無衣》等什，可以見其盡忠王室。惜其以賢狥葬，召來《黃鳥》之譏。愛士不終，致有《權輿》之詠。此秦之所以流於雜霸也。

　　《車鄰》《駟鐵》《小戎》《蒹葭》《終南》《黃鳥》《晨風》《無衣》《渭陽》《權輿》。

---

❶ “他”當為“地”。——編者註

陳風十篇

　　陳，國名。周武王時，帝舜之胄，有虞閼父，為周陶正，武王以女太姬妻其子滿，而封於陳。與黃帝、堯帝之後，共為三恪，是為胡公。其後國微民蕩，詩亦淫蕩無節。至靈公淫於夏徵舒之母，國人為之賦《株林》三章，則尤昏亂之甚。惟《衡門》一詩，係賢人隱居自樂之詞，正以見國亂民蕩，君子道消。故東萊呂氏曰："變風終於陳靈。"信然。

　　《宛邱》《東門之枌》《衡門》《東門之池》《東門之楊》《墓門》《防有鵲巢》《月出》《株林》《澤陂》。

檜風四篇

　　檜，國名。妘姓，祝融之後，周衰後為鄭桓公所滅。其國既小，其君復闇。故《羔裘》三章，憂其君之美衣服而忽朝政也。《素冠》三章，憫其教弛而孝道不彰也。而世亂賦重，民不聊生，致歎《萇楚》之無知，賦《匪風》之慨想，其亡也宜矣。

　　《羔裘》《素冠》《隰有萇楚》《匪風》。

曹風四篇

　　曹，國名。周武王以封其弟振鐸。王室既衰，同姓諸侯，亦復不振。故《冽彼下泉》四章，罕譬而喻。其餘諸什，則大類《檜風》。蓋世亂國危，則其民思君子而痛有生。《鳲鳩》之詩，《蜉蝣》

之詠，可勝歎哉！

《蜉蝣》《侯人》《鳲鳩》《下泉》。

豳風八篇

豳，國名。在歧山之北。周之先世居於此。成王年幼，周公以冢宰攝政，乃述后稷公劉之化，作詩一章以戒成王，謂之"豳風"。本詩前半，歷述豳俗之厚，先公風化之純，欲使成王知稼穡之艱難也。故《七月流火》之章，為千古重農之嚆矢。《鴟鴞》以下，則歷述周公東征之勞苦，及國人贊美周公之詞，則非周公自作之詩也。本篇上繼二南之終，下開小雅之始，夫子之意，至深遠矣。

《七月》《鴟鴞》《東山》《破斧》《伐柯》《九罭》《狼跋》。

程元問於文中子曰："敢問豳風何風也？"曰："變風也。"元曰："周公之際，亦有變風乎？"曰："君臣相誚，其能正乎？成王終疑周公，則風遂變矣。非周公至誠，其孰卒正之哉！"元曰："居變風之末，何也？"曰："夷王以下，變風不復正矣。夫子蓋傷之也，故終之以豳風，言變之可正也，惟周公能之，故係之以正，變而克正，危而克扶，始終不失其本，其惟周公乎？係之以幽，遠矣哉！"

小雅

雅者，正也，正樂之歌也。其篇本有小雅、大雅之殊，先儒說又各有正、變之別。蓋正小雅燕饗之樂，正大雅會朝之樂，受釐陳戒之辭也。小雅各篇，歡欣和悅，以盡羣下之情，親臣也。大雅各篇，恭敬齊❶莊，以發先王之德，格君也。蓋正雅皆成王、周公以後之詩，多周公制作時所定。及其變也，則事未必同，而各以其聲附之，亦猶風之變體矣。

鹿鳴之什 <small>雅頌無諸國之別，故十篇為一卷，而謂之什</small>

鹿鳴三章

此燕羣臣嘉賓之詩。通篇見其親賢樂善，不拘形迹，以洽上下之情也。

四牡五章

此勞使臣之詩，諄諄於公私之判，不以私害公也。

皇皇者華五章

此君遣使臣之詩。勉其不以遠近險易易其心，廣詢博訪，以盡職也。

棠棣八章

此和兄弟之詩。言兄弟至親，禦侮相助。凡今之人，莫如兄

---

❶ "齊"，當為"齋"。——編者註

弟也。

伐木三章

此燕朋友之詩。言有道德才藝之友生，不求則不我近也。

天保六章

人君以《鹿鳴》以下五詩燕羣臣，而臣之受賜者，歌此詩以祝福。所以荅君惠也，言天者言其受命有自也。

采薇六章

此遣戍❶之詩。王者以道勞其民，故無怨也。

出車六章

此勞還率之詩。既平西戎，美成功也。

杕杜四章

此勞還役之詩。而體其家室之情，先王之役民也如此。

南陔

此笙詩。有聲無辭，孝子相戒以養其親也。

---

❶ "戍"疑為"戍"。——編者註

白華之什

白華

亦笙詩也。有聲無辭，言孝子之潔白也。

華黍

亦笙詩也。言時和歲豐，宜黍稷也。

魚麗六章

此燕饗通用之樂歌。言主人所薦之羞，既美且多也。

由庚

此亦笙詩。言萬物得由其道也。

南有嘉魚四章

此亦燕饗通用之樂。因主人所薦之物，而達其樂賓之意也。

崇丘

言萬物得極其高大也。

南山有臺五章

此尊賓之意。言壽彌高則德彌邵也。

由儀

由言萬物之生，各得其宜也。

蓼蕭四章

此諸侯朝於天子，天子與之燕，以亦慈惠，而美其德也。

湛露

此亦天子燕諸侯之詩，而嘉其令德令儀也。

按《鹿鳴》之什一篇無辭《白華》之什五篇無辭，蓋年湮代遠無可考矣。

彤弓之什

彤弓三章

此天子燕有功諸侯，而錫以弓矢之樂歌也。

菁菁者莪四章

此亦燕飲賓客之詩。

六月六章

　　成周既衰，厲王為周人所逐，崩於彘。宣王立，玁狁內逼。王命尹吉甫帥師北伐，有功而歸，詩人作此以美之也。

采芑四章

　　宣王之時，蠻荊背叛。王命方叔南征，軍士作此以贊美之也。

車攻八章

　　周以洛邑為東都，以朝請侯。東遷而後，久廢此禮。宣王內脩政事，外攘夷狄，乃復會諸侯於東都。因田獵而選車徒焉，故詩人作此以贊美之。

吉日四章

　　此亦美宣王狩獵之詩也。

鴻雁三章

　　周室中衰，萬民離散，宣王能勞來安定之，故流民喜而作此詩。其志雖善，其情則哀也。

庭燎三章

　　宣王勵精圖治，將起視朝，不安於寢，而問夜之早晚也。

沔水三章

此憂亂之詩。因亂而憂及父母，憂亂之中，不忘孝敬，詩人忠厚之意也。

鶴鳴二章

此陳善納誨之詩。借鶴鳴、魚潛，園有樹檀，他山之石，以喻其意也。

祈父之什

祈父三章

祈父，司馬也。此軍士怨於久役，託詞呼祈父而告之，刺宣王之詩也。

白駒四章

此以賢者之去，欲留之而無術，作此詩以言其心也。

黃鳥三章

宣王之末，民失其所，既適異國，而又覺其不為故鄉，託呼黃鳥而告之，以見亂離之民靡有安居也。

我行其野三章

民適異國，依其婚姻，而不見收恤，故作此詩。

斯干九章

舊說宣王中興，築宮室既成，詩人作此以祝之。盖以人君繼世，多疑其兄弟。祖宗創業，多敗於子孫。茲則兄弟式好，室家君王，福莫大焉。

無羊三章

此因中興考牧，言牧事有成，而牛羊衆多，富庶之徵，牧人之盡職可知也。

節彼南山十章

此詩家父所作，刺幽王用太師尹氏，以致亂，尊寵姻亞，斥遠君子。家父為周之世臣，故作此以究王訩也。_{家父，周大夫，家，其采邑也}

正月十三章

此詩亦大夫所作，以王為內寵蠱惑，不用君子而用小人，霜降失節，不以其時，國家將危，故作此以寫其憂也。

十月之交八章

本詩專為刺幽王用皇甫而作。蓋借災異以致其悲天憫人之意，以冀王心一悟也。

雨無正七章

按，《詩》每篇多以起首一句為題。本篇首句為"浩浩昊天"，刺幽王詩也。而命題則以"雨無正"三字，不無闕疑。或曰本篇與詩絕異，不知何據。

劉氏曰："嘗讀韓詩，有《雨無極》篇。"序云：《雨無極》正大夫刺幽王詩也。至其詩之文，則比毛詩篇首多"雨無其極，傷我稼穡"八字。按此說近是，蓋脫簡也。

小旻之什

小旻六章

大夫以王惑於邪謀，不能斷以從善，而作此詩。

按本篇首句為"旻天疾微"，而夫子以"旻"名篇，與《小宛》《小弁》《小明》等詩，皆以小名，說者謂為所以別其為小雅也，然其他各章，何以不然耶？

小宛六章

此大夫遭時之亂，兄弟相戒以免禍之詩。

小弁八章

舊說幽王太子宜臼被廢而作此詩，以自怨也。

巧言六章

本詩首句為"悠悠昊天"，此取第五章"巧言如簧"句為題，刺幽王之信讒也。

何人斯八章

此亦為被譖而作。舊說暴公為卿士，而讒蘇公，故蘇公作此以絕之。

巷伯七章

本詩首句為"萋兮斐兮"，通篇無"巷伯"二字，茲以名篇者。蓋以其時有遭讒而受宮刑為"巷伯"者，故取此二字為題也。

按巷伯，寺人也，掌宮中道路之官，伯長也。班固作《司馬遷》贊云，迹其所以自傷悼。小雅巷伯之倫，同此意。

谷風三章

此朋友相怨之詩。言可與共患難，不可與共安樂也。

蓼莪六章

首句"蓼蓼者莪"，此詩乃因人民勞苦，孝子不得遂終養其親之願而作。茲錄其詩之第四章於左願，讀者宜深長思也。

父兮生我，母兮鞠我，拊我畜我，長得育我，顧我復我，出入腹我。欲報之德，昊天罔極。

按《陟岵》《鴇羽》諸什，皆孝子行役，不得養其父母所作。《蓼莪》獨使人流涕嗚咽者，以感傷於父母既歿之後，比他詩為倍至也。

大東七章

本詩第二章首句為"大東小東"，故以名篇。此當時東方諸國，困於周室賦役之重，而怨之之辭也。

四月八章

此亦遭難自傷之辭。

北山之什

北山六章

此大夫行役而作，通篇有告勞之意，無怨懟之辭。

無將大車三章

此亦行役勞苦而憂思之作。

小明五章

本詩首句為"明明上天"，故以"小明"名篇。蓋當時大夫從役，以二月西征，至於歲暮，尚未得歸，故呼天而訴之也。

鼓鐘四章

王氏曰："幽王鼓鐘淮水之上，為流連之樂，久而忘返。聞者憂傷，而思古之君子，不能忘也。"

楚茨六章

本篇言祭祀之重，而推本於力農。蓋述公卿有田祿者，力於農事，以奉其祭祀也。

信南山六章

此篇大旨亦是先從農事，以說到祭祀之受福，與上章之義略同。

甫田四章

本詩大意，主於勸農。言公卿有田祿者，力於農事，以奉方社田祖之祭，皆勸農之辭也。

大田四章

此詩為苔甫田而作。蓋君重農以愛民，故民力農以報君。從農夫口中，歸美曾孫事神敬天，以祈景福。君民一體，盛世之風也。

瞻彼洛矣三章

此天子會諸侯於東都，朝會講武，而諸侯美之之詩也。

裳裳者華四章

此天子美諸侯之詩，蓋以答上章也。

桑扈之什

桑扈四章

此亦天子燕諸侯之詩。

鴛鴦四章

此諸侯所以答桑扈之詩也。

頍弁三章

此燕兄弟親戚之詩，反復自道其設燕之意。

車舝五章

此燕樂新婚之詩。

青蠅三章

詩人以王信讒，故以青蠅為此，戒勿聽也。

賓之初筵五章

衛武公飲酒悔過，而作此詩。

魚藻三章

此天子燕諸侯，而諸侯美天子之詩。

采菽五章

此天子所以答魚藻之詩也。

角弓八章

此刺王不親九族，而好讒佞，使九族相怨之詩。

菀柳三章

王者暴虐，諸侯不朝，而作此詩，以道其不可朝王之故也。

都人士之什

都人士五章

亂離之後，人不復見昔日都邑之盛、人物儀容之美，而作此詩，以歎惜之也。

采綠四章

婦人思其君子而言，與采采卷耳之詩同意。

黍苗五章

宣王封申伯於謝，命召穆公往營城邑，故將徒役南行，而行者作此，曰“召伯勞之”，可見勞而無怨也。

隰桑四章

此喜見君子之詩。

白華八章

幽王娶申女以為后，又得褒姒而黜申后，故申后作此詩，所以譏王二三其德也。

縣蠻三章

此微賤勞苦，思有所託之辭。意必欲有以自見，非只謀升斗已也。

瓠葉四章

此亦燕飲之詩。

漸漸之右三章

將帥出征，經歷險遠，不堪勞苦，而作此詩。

苕之華三章

詩人自以為逢周之衰，如苕附物而生，雖榮不久，故以為比，而自傷也。

何草不黃四章

周室將亡，征役不息，行者苦之，故作此詩，以見當時不以人道使民也。

大雅

文王之什 _{此什皆追述文武之德}

文王七章

此周公追述文王之德，以戒成王之詩。言文王之神在天，而澤及子孫也。

大明八章

本詩首句為"明明在上"四字，而以"大明"名篇者，以此為大雅之詩，與前《小昊》等篇同義。

此亦周公戒成王之詩。言在下者必有明明之德，而後上天有赫赫之命也。

緜九章

此亦周公戒成王之詩。言周室自古公亶父，其國甚小，至文王受天命而始大，猶瓜瓞之綿綿也。

棫樸五章

此亦以詠歌文王之德，言德盛而人心歸附之也。

旱麓六章

此亦以詠歌文王之德，言文王有豈弟子之德，故為福祿之所歸也。

大任五章

此亦詠歌文王之德。言上有聖母，所以成之者遠；內有賢妃，所以助之者深也。

皇矣八章

此詩敍大王太伯王季之德以及文王伐密、伐崇之事也。

靈臺四章

此詩言文王以民力為臺為沼，而民歡樂之，不召自來，不終日而成，以見聖王愛民，而民亦樂為之用也。

下武六章

此詩美武王能纘太王、王季、文王之緒，而有天下也。

文王有聲八章

此詩言文王遷豐，武王遷鎬之事，言遷都皆在安民，以見文武相續。周德之所以盛也。

按此篇以武功稱文王，以見文王之文，非不足於武也。

生民之什

生民八章

周公制禮，尊后稷以配天，故作此詩，以推本其始生之祥如此。

行葦四章

此祭畢而燕父兄耆老之詩，其殷勤篤厚之意可見矣。

既醉八章

此父老荅行葦之詩也。

鳧鷖五章

此祭之明日，繹祭燕尸之樂。

按天子祭必取孫列之諸侯，入為卿大夫者為尸以象神，是為公尸，祭之明日則賓以燕尸所以重祭典也。

假樂四章

此公尸荅上章之作。言王之德，既宜人民，得天之佑也。

公劉六章

舊說召康公以成王將涖政，當戒以民事，故述公劉之德，以告之。

泂酌三章

此亦召康公戒成王之詩。蓋欲王有豈弟之德，以愛民也。

卷阿十章

舊說召康公從王歌於卷阿，作此以戒成王。欲王用賢以保泰，而但以賡歌拜颺之體出之也。

民勞五章

序說以此為召穆公刺厲王之詩，或曰同列相戒之辭，二說未知孰是。然皆憂時感事之意，而以"安民"二字，寫其憂思，則雅之變可知矣。

板章

此亦刺厲王之詩。

蕩之什

蕩八章

此諷厲王之詩。託為文王咨商之說以動之，蓋欲其法祖也。

抑十二章

抑，謙抑也。衛武公作此詩，使人日誦於其側以自警。武公年九十五，猶使人日誦此詩於其側，則武公之脩己治國，可想見矣。

桑柔十六章

此芮伯刺厲王之詩。言周失其政，無以庇人民也。

雲漢八章

此美宣王憂旱恐懼脩省也。蓋宣王承厲王之後，撥亂救災，王化復行，故仍叔作此以美之。

崧高八章

宣王之舅申伯，佐王中興，出封於謝，而尹吉甫作詩以送之，美其功之高、德之邵，此賢賢非親親也。

烝民八章

宣王命樊侯仲山甫築城於齊，而尹吉甫作詩以送之，美其德之高，而又能盡職也。

韓奕六章

本篇首句為"奕奕梁山"，盖韓侯初立來朝，始受王命也。

江漢六章

宣王命召穆公平淮南之夷，詩人美之，故作此詩。

常武六章

本篇首句為"赫赫明明"，宣王自將以伐淮北之夷。此詩作於成功之後，專美天子自將之功也。

瞻卬七章

此刺幽王嬖褒姒、任奄人，以致亂之詩。言亂匪降自天，生自婦人也。

召旻七章

首句為"旻天疾威"，亦刺幽王之詩。言王不用舊而任小人，以致饑饉浸削之危也。

頌 風、雅皆有變體，惟頌無之

頌者，宗廟之樂歌。大序所謂美盛德之形容，以其成功告於神明者也。《周頌》三十一篇，多周公所定，而亦或有康王以後之詩。《魯頌》四篇，《商頌》五篇，因亦以類附焉。

周頌

雅不言周，頌言周者，以別於魯、商也，周蓋孔子所加也。周頌皆有所施於禮樂，蓋因禮作頌，非如風雅之詩，徒作而不用者也。

清廟之什

清廟一章

此周公既成洛邑，而朝諸侯，因率之以祀文王之樂歌。言助祭之諸侯，皆能執行文王之德。既敬且和，而有此清廟之祭也。

維天之命一章

此亦祭文王之詩，言天道無窮，而文王之德純一不雜，與天無間，以贊文王之德之盛也。

維清一章

　　此亦祭文王之詩。言文王典則，實興有周，後之嗣王，所當清明緝熙，以維周之禎祥也。

烈文一章

　　此祭於宗廟，而獻助祭諸侯之樂歌，所以報功也。

天作一章

　　此祭太王之詩。言太王承天啟後之功，而因望後人世守之，以慰其靈也。

昊天有成命一章

　　此詩多言成王之德，蓋祀成王之詩。言成王繼文武而受命，不敢康寧，以保其四方也。

我將一章

　　此宗祀文王於明堂，以配上帝之樂歌。言文王之德，與天同也。

時邁一章

　　此巡守而朝會祭告之樂歌，言以時巡守而天保之也。

執兢一章

此祭武王、成王、康王之詩，通篇頌三后功德之盛以及祭祀獲福之隆也。

思文一章

此詩美后稷之功。言后稷以稼穡養民之命，而文明教化，亦自此始開其端，故其德可配天也。

臣工之什

臣工一章

此戒農官之詩。言王有成法，宜及時盡職也。

噫嘻一章

此連上篇，亦戒農官之詩。蓋成王始置田官，而戒命之。上下交相忠愛之忱，溢於言外矣。

振鷺一章

此夏商二王之後來助祭之詩，美之也。

豐年一章

此秋冬報賽田事之樂歌。盖言豐年致用之周，而致神休之溥也。

有瞽一章

此周公制禮作樂既成，行其禮於宗廟之中，大合樂而奏之也。

潛一章

本詩第二句"潛有多魚"，故取以名篇，此薦新之祭。蓋王者以神道事親，則祭於廟。以人道事親，則薦於寢。此在常祭之外之樂歌也。

雝一章

本詩首句"有來雝雝"，故以名篇，武王祭文王之詩也。按周禮樂師及徹帥學士而歌，即此詩。徹者，祭畢而徹其俎豆也。《論語》以"雍徹"，亦同此意。

載見一章

此諸侯助祭於武王廟之詩。

有客一章

此微子來見祖廟之詩。觀其挽留尊禮之意，可見優禮先朝，謙德至矣。

武一章

本詩首句"於皇武王"，故以名篇。周公象武王之功，而作大武之樂，卽此詩。

閔予小子之什

閔予小子一章

此成王旣除喪，始朝於先王之廟，而作此詩。曰孝、曰敬，此周之所以受天命也。

訪落一章

本詩首句為"訪予落止"，故以名篇。此成王旣朝於廟，因作此詩，以道延訪羣臣之意也。

敬之一章

此成王受羣臣之戒，而以敬自勉也。

小毖一章

本詩首句為"予其懲而毖後患",故以"小毖"名篇,亦訪落之意。按訪落慎始也,所以處常。小毖謹後也,所以處變。

載芟一章

此詩未知所用,然辭意與《豐年》章相似。蓋樂農工之有成,而慶賙之也。

良耜一章

此亦豐年報賽之詩。言自春耕至秋收,既獲豐年以奉祭祀也。

絲衣一章

此亦祭而飲酒之詩。言士之助祭,始終一於敬,而有以獲福也。

酌一章

本詩首句為"於鑠王師",通篇無酌字,而以酌名篇者,蓋酌即勺也。勺舞名。此詩即勺舞時所用,故即以樂名名之。

按此詩頌武王之功。言武王用武以時,後王所當法也。

桓一章

此亦頌武王之詩。詩內有"桓桓武王"句，故以名篇。言武王始終能安民，以承天命也。

賚一章

此大封功臣於廟之詩。詩中并頌文武之功，蓋欲諸臣受封賞者，勿忘文王之德也。

般一章

本詩首句為"於皇時周"，通篇無般字，而以般名篇，其義未詳。此武王于方嶽之下，朝會諸侯，祭告即位之詩。

魯頌

頌為天子之禮樂，魯為侯國，本無頌。成王以周公有大勳勞於天下，賜伯禽以天子之禮樂，魯始有頌，以為廟樂。僖公之世，詩亦名頌，僭也。魯頌共四篇，故不成什。

駉四章

本詩首句為"駉駉牧馬"，言僖公牧馬之盛也。

有駜三章

此魯君燕臣，而臣致頌禱之辭。

泮水八章

此詩言魯侯視學，而人心樂從，亦頌禱之辭也。

閟宮九章

此僖公脩姜源廟，詩人頌禱之辭。

商頌

武王克商，封微子啟於宋，脩其禮樂，以禮其先王，故曰"商頌"。本為十二篇，至孔子編詩時，又亡其七，今僅存五篇。

那一章

本詩首句為"猗與那與"，故以名篇。此祀成湯之樂也。

烈祖一章

此亦祀成湯之樂。言烈祖之德，及於今王，以脩其祭祀也。

玄鳥一章

此亦祭祀宗廟之樂，而追叙商人有天下之初也。

長發七章

本詩有"長發其祥"句，故以名篇，此袷祭羣廟之詩。言商世世有濬哲之君，故受命之祥，發見久矣。

殷武六章

此祀高宗之樂。殷自盤庚歿後，楚人叛之，高宗用武，以定其地。《易》曰："高宗伐鬼方，三年有成。"卽謂此也。

周禮

上古之世，政簡民淳，無為而治。成周開基，禮樂大備，典章文物，斐然可觀。周公制禮，垂法萬世。《周禮》六篇，詳載六典，設官分職，實為周公致太平之書。秦始皇燔滅文章，以愚黔首，斯編幾絕。至漢武帝時，除挾書之律，《周禮》始出。成、哀之世，劉向父子校理秘書，始得列序著於《七略》。然《冬官》一篇已亡，河間獻王以《攷工記》補綴《冬官》，雖識者以為不類，而事典猶約略可尋，亦云幸矣。本書卽《周官》，凡六篇，歷代官制之嚆矢也。^{漢劉歆繼}父向之葉，檢校秘書，撮其要旨，著為《七略》一曰集略，二曰六藝略，三曰諸子略，四曰詩賦略，五曰兵書略，六曰術數略，七曰方技略

天官·冢宰第一

象天所立之官。冢，大也。宰者，官也。天者統理萬物，天子立冢宰，使掌邦治，亦所以總御衆官，使不失職。不言司者，大宰總御衆官，不主一官之事也。

大宰之職。^{掌建邦之六典，以佐王治邦國，盖治典冢宰之職}也。故立其官，使帥其屬而掌邦治，以佐王均邦國

小宰之職。

宰夫之職。

宮正　宮伯　膳夫　庖人　內饔　外饔　亨人　甸師　獸人
廠人　鼈人　臘人　醫師　食醫　疾醫　瘍醫　獸醫　酒正　酒人
漿人　凌人　籩人　醢人　醯人　鹽人　冪人　宮人　掌舍　幕人
掌次　大府　玉府　內府　外府　司會　司書　職內　職歲　職幣
司裘　掌皮　內宰　內小臣　閽人　寺人　內豎　九嬪　世婦　女
御　女祝　女史　典婦功　典絲　典枲　內司服　縫人　染人　追
師　屨人　夏采

地官・司徒第二

象地所立之官。司徒主眾徒，地者載養萬物，天子立司徒掌邦
教，亦所以安擾萬民。

大司徒之職。掌建邦之土地之圖與其人民之屬，蓋教典司徒之職。
故立其官，使帥其屬而掌邦教，以佐王安擾邦國

小司徒之職。

鄉師之職。

鄉大夫之職。

州長　黨正　族師　閭胥　比長　封人　鼓人　舞師　牧人
牛人　充人　載師　閭師　縣師　遺人　均人　師氏　保氏　司諫
司救　調人　媒氏　司市　質人　廛人　胥師　賈師　司虣　司稽
胥　肆長　泉府　司門　司關　掌節　遂人　遂師　遂大夫　縣正
鄙師　酇長　里宰　鄰長　旅師　稍人　委人　土均　草人　稻人
土訓　誦訓　山虞　林衡　川衡　澤虞　迹人　卝人　角人　羽人
掌葛　掌染草　掌炭　掌茶　掌蜃　囿人　場人　廩人　舍人　倉
人　司祿　司稼　舂人　饎人　稾人

春官·宗伯第三

象春所立之官也。宗，尊也。伯，長也。春者出生萬物，天子立宗伯，使掌邦禮。典禮以事神為上，亦所以使天下報本反始。不言司者，鬼神示人之所尊，不敢主之故也。

大宗伯之職。掌建邦之天、神、人、鬼、地之祇禮，蓋禮典宗伯之職。故立其官，使帥其屬而掌邦禮，以佐王和邦國

小宗伯之職。

肆師之職。

鬱人　鬯人　雞人　司尊彝　司几筵　天府　典瑞　典命　司服　典祀　守祧　世婦　內宗　外宗　冢人　墓大夫　職喪　大司樂　樂師　大胥　小胥　太師　小師　瞽矇　眡瞭　典同　磬師　鍾師　笙師　鎛師　韎師　旄人　籥師　籥章　鞮鞻氏　典庸器　司干　太卜　卜師　龜人　菙氏　占人　菙人　占夢　眡祲　太祝　小祝　喪祝　甸祝　詛祝　司巫　男巫　女巫　太史　小史　馮相氏　保章氏　內史　外史　御史　巾車　典路　車僕　司常　都宗人　家宗人　神士

夏官·司馬第四

象夏所立之官。馬者，武也，言為武者也。夏整齊萬物，天子立司馬，共掌邦政。政可以平諸侯，正天下，故曰統六師平邦國。

大司馬之職。掌建邦國之九灋，蓋政典司馬之職。故立其官，使帥其屬而掌邦政，以佐王平邦國

小司馬之職。

軍司馬　輿司馬　行司馬　司勳　馬質　量人　小子　羊人
司懽掌固　司險　掌疆　侯人　環人　挈壺氏　射人　服不氏　射
鳥氏　羅氏　掌畜　司士　諸子　司右　虎賁氏　旅賁氏　節服氏
方相氏　大僕　小臣　祭僕　御僕　隸僕　弁師　司甲　司兵　司
弋盾　司弓矢　繕人　槁人　戎右　齊右　道右　大馭　戎僕　齊
僕　道僕　田僕　馭夫　校人　趣馬　巫馬　牧師　庾人　圉師
圉人　職方氏　士方氏　懷方氏　合方氏　訓方氏　形方氏　山師
川師　邍師　匡人　撢人　都司馬　家司馬

秋官·司寇第五

象秋所立之官。寇，害也。秋者，遒也。如秋義，殺害收聚，
歛藏於萬物也。天子立司寇，使掌邦刑。刑者所以驅恥惡，納人於
善道也。

大司寇之職。　<small>掌建邦之三典，蓋刑典司寇之職。故立其官，使帥其屬，以佐土刑邦國、詰四方</small>

小司寇之職。

士師之職。

鄉士　遂士　縣士　方士　訝士　朝士　司民　司刑　司刺
司約　司盟　職金　司厲　犬人　司圜　掌囚　掌戮　司隸　罪隸
蠻隸　閩隸　夷隸　貉隸　布憲　禁殺戮　禁暴民　野廬氏　蜡氏
雍氏　萍氏　司寤氏　司烜氏　條狼氏　脩閭氏　冥氏　庶氏　穴
氏　翨氏　柞氏　薙氏　硩蔟氏　翦氏　赤友氏　蟈氏　壺涿氏
庭氏　衡枚氏　伊耆氏　大行人　小行人　司儀　行夫　環人　象

胥　掌客　掌訝　掌交　掌察　掌貨賄　朝大夫　都則　都上家上

冬官·考工記第六

象冬所立之官也。是官名司空者，冬閉藏萬物，天子立司空，使掌邦事。蓋事典司空之職，亦所以富充國家，使民無空者也。司空之篇亡，漢興購求，千金不得。此前世識其事者，記錄以備大數，古《周禮》六篇畢矣。古《周禮》六篇者，天子所專秉以治天下，諸侯不得用焉。

三十工總叙　輪人為輪　輪人為蓋　輿人為車　輈人為輈　築氏為削　冶氏為殺矢　桃氏為劍　鳧氏為鍾　㮚氏為量　段氏　函氏為甲　鮑人之事　韗人為皋陶　韋氏　裘氏　畫繪之事　鍾氏染羽　筐人　㡛氏涑絲　玉人之事　楖人　雕人　磬氏為磬　矢人為矢　陶人為甂　㫃人為簋　梓人為筍虡　梓人為飲器　梓人為侯　廬人為廬器　匠人建國　匠人營國　匠人為溝洫　車人之事　車人為耒庛　車人為車　弓人為弓

儀禮

　　《儀禮》十七篇，即《周儀》，為周公所定，孔子所述。傳於漢之高陽生，與《周官》一書，相輔而行。蓋《周官》六典，以統朝野貴賤而言，《儀禮》則詳於士庶。《周官》所訂為綱領大體，而《儀禮》則為詳節備文。《漢書·藝文志》載："傳禮者十三家，以戴德、戴聖為最著，世所稱大小戴者是也，小戴記尤為世所推重。"自嬴秦一炬，此經幾絕。宋王安石以變法自詡，又罷《儀禮》，不列於學官，此經又厄。南渡以後，二陸學說，偏重德性，鄙儀法度，數為末節。一時學者，病禮節之束縛，喜陸說之簡易，脫略禮法，浸成風氣。雖有紫陽力辯其非，倡脩三禮。然空虛妙晤之說，深入人心，而古聖所遺之制度文為，又邈然矣。晚近以來，世變遞演，各便其私，各逞其臆，禮法全失，罔知所宗。放恣敗壞，靡有厎止。流毒所極，必至於毀冠裂冕，棄禮蔑義，無親疏、無上下、無內外、無長幼，而同歸於渙散。即欲求一空虛妙晤之學者，而亦不可得。禮亡則國亡，禮失則民亂，思之不寒而慄矣。夫三代之禮不相襲，而日用當行之準則，必整其紀綱，順其次序，納民規物，以導之於正，而防其邪。非高冠博帶，生今返古之謂也。是所望於善讀書者。

> 儀學亦有古文今文之別。古文即漢魯恭王壞孔壁所得，今文為魯高堂生所傳。至鄭康成合兩本而為一，即今所傳之十七篇也

士冠禮第一

　　古者四民世事，士之子恒為士。士冠禮是童子任職居位，年及二十，其父兄為之加冠之禮也。冠禮於五禮_{吉、凶、軍、賓、嘉，是謂五禮}屬嘉禮。本篇有以下二十七節，末復有《冠義》一篇。

　　筮日　戒賓　筮賓　宿賓宿贊冠者　為期　冠日陳設　主人與賓各就向外位迎賓及贊冠者入　初加　再加　三加　賓醴冠者　冠者見於母　賓字冠者　冠者見兄弟贊者姑姊　冠者見君與鄉大夫先生　醴賓送賓歸俎　夏殷冠子之法　孤子冠法　庶子冠法　見母權法　戒賓宿賓之辭　加冠祝辭　醴辭　醮辭　字辭　三服之屨

士昏禮第二

　　日入三商為昏，三商，三刻也。士娶妻之禮，以昏為期，因而名焉。昏禮有六：納采、問名、納吉、納徵、請期、親迎是也。昏禮於五禮屬嘉禮。本篇分以下十三章，末復有《記》一篇。

　　納采問名及禮使者之儀　納吉　納徵　請期　將親迎預陳饌　親迎　婦至成禮　婦見舅姑　贊者禮婦　婦饋舅姑　舅姑饗婦　饗送者　舅姑沒婦廟見及饗婦饗送者之禮

士相見禮第三

士以職位相親，始承摯相見之禮。士相見於五禮屬賓禮。本篇有以下十一節。

士相見禮　士見於大夫　大夫相見　臣見於君　燕見於君　進言之法　侍坐於君子之法　臣侍坐賜食賜飲及退去之儀　尊爵者來見士　博記稱謂與執摯之容

鄉飲酒禮第四

古者諸侯之鄉大夫，三年大比，獻賢者、能者於其君，以禮賓之，與之飲酒。此種於五禮屬嘉禮，有以下二十四節，末復有《記》一篇。

謀賓介賓　陳設　速賓迎賓拜至　主人獻賓　賓酢主人　主人酬賓主人獻介　介酢主人　主人獻眾賓^{自初獻賓至此，為飲酒第一段}一人舉觶　升歌三終及獻工　笙奏三終及獻笙　閒歌三終合樂及告樂備^{此作樂，樂賓是飲酒禮第二段}司正安賓　司正表位　賓酬主人　主人酬介　介酬眾賓眾賓旅酬^{此飲酒禮之第三段}一人舉觶　徹俎坐燕，^{此飲酒第四段，飲禮始畢}賓出　遵者入之禮

鄉射禮第五

古者州長春秋以禮會民而射於州序，謂之鄉射者。蓋周制五州為鄉，一鄉管五州也。此禮於五禮屬嘉禮，有以下五十一節，末復有《記》一篇。

戒賓　陳設　速賓　迎賓拜至　主人獻賓　賓酢主人　主人酬賓　主人獻眾賓　一人舉觶　遵入獻酢之禮　合樂樂賓獻工與笙　立司正　司射請射　弟子納射器　司射比三耦　司馬命張侯倚旌樂正遷樂　三耦取弓矢俟射　司射誘射

耦射　取矢委楅^{第一番}_{射事竟}　司射請射比耦　三耦拾取矢　眾賓受弓矢序立

司射作射請釋獲　三耦釋獲而射　賓主人射　大夫與耦射　眾賓射釋獲告射卒　司馬命取矢乘矢　數獲　飲不勝者　司馬者司射獻釋獲者^{第二番}_{射事竟}司射又請射命耦反射位三耦賓主人大夫眾賓皆拾取矢　司射請以樂節射　三耦賓主人大夫眾賓以樂射　樂射取矢數矢　樂射視算昔獲　樂射飲不勝者　拾取矢授有司　退諸射器^{射事}_竟旅酬　司正使二人舉觶　請坐燕因徹俎　賓出送賓　明是拜賜　息司正

燕禮第六

燕禮有四：諸侯無事而燕，一也；卿大夫有王事之勞，二也；卿大夫有聘而來，還與之燕，三也；四方聘客與之禮，四也。燕禮於五禮屬嘉禮，有以下三十節。

　　告戒設具　君臣各就位次　命賓　請命執役者　納賓　主人獻賓_{主人，宰夫也}　賓酢主人　主人獻公　主人自酢於公　主人酬賓二人媵爵於公　公舉媵爵酬賓遂旅酬初燕盛禮成　主人獻卿或獻孤　再請二大夫媵觶　公又行爵為卿舉旅燕禮之再成　主人獻大夫兼有胥薦主人之事　升歌　獻工　公三舉旅以成獻大夫之禮　奏笙　獻笙　歌笙閒作遂合鄉樂而告樂備　立司正命安賓　主人辯獻士及旅食　因燕而射以樂賓　賓媵觶於公公為士舉旅酬　主人獻庶子以下子阼階　燕末無算爵無算樂　燕畢賓出

大射儀第七

　　古者諸侯將有祭祀之事，與其羣臣射以觀其禮。數中者得與於祭，不數中者不得與於祭。射儀於五禮屬嘉禮，有以下四十八節。

　　戒百官　張射侯　設樂縣　陳燕具　命賓納賓　主人獻賓_{主人，宰夫也}　賓酢主人　主人獻公　主人受公酢　主人酬賓　二人媵觶將為賓舉旅酬　公取媵觶酬賓遂旅酬　主人獻卿　二人再媵觶　公又行一觶為卿舉旅　主人獻大夫　作樂娛賓_{射前燕禮備}將射立司正安賓察儀　請射納器誓射比耦　司射誘射　三耦射後取矢_{射禮第一番竟}將射命耦　三耦拾取矢於福　三耦再射釋獲　君與賓耦射　公卿大夫及衆耦皆射　射訖取矢　數左右獲算多少飲不勝者　獻獲者　獻釋獲者_{第二番射事竟}將以樂射射者拾取矢　以樂節射　樂射後取矢數獲　樂射後飲不勝者　樂射後拾取矢不_{第三番射事竟}退諸器將坐燕以終禮　為大夫舉旅酬　徹俎安坐主人獻士及旅食　賓舉爵為士旅酬　燕坐時或復射　主人獻庶子等

経部
儀禮

獻禮之
終 也燕末盡歡 賓出公

入^❶聘禮第八

古者諸侯相於久無事，則使卿相問，謂之大聘。使大夫相問，謂之小聘。聘禮於五禮屬賓神^❷，有以下三十三節，末復有《記》一篇。

命使 授幣 告禰 受命遂行 假道 豫習威儀 至竟迎入 人竟展幣 郊勞 致舘設飧 聘享 主君禮賓 私覿 賓禮畢出公 送賓 卿勞賓 歸饔餼於賓介 賓問卿面卿 介面卿 問下大夫 大夫代受幣 夫人歸禮賓介 大夫餼賓介 主國君臣饗食賓介之法 還玉報享 賓將行君館賓 賓行主國贈送 使者返命 使還奠告 遭所聘國君喪及夫人世子之

公食大夫禮第九

此主國之君，以禮食小聘之大夫也。於五禮屬嘉禮，有以下十八節，末復有《記》一篇。

戒賓 陳具 賓入拜至 載鼎實於俎 為賓設正饌 賓祭正饌 為賓設加饌 賓祭加饌 賓食饌三飯 公以束帛侑賓 賓卒食禮終 賓退 歸俎於賓 賓拜賜 食上大夫禮 君不親食使人往致大夫相

---

❶ 《儀禮》中有《聘禮》，無《入聘禮》。——編者註
❷ "神"當為"禮"。——編者註

81

食之禮　大夫不親食君使人代致

覲禮第十

此篇諸侯見天子之禮也。春見曰朝，夏見曰宗，秋見曰覲，冬見曰遇。朝宗禮備，覲遇禮省，是以享獻不見焉。朝、宗、遇三禮已無考，唯覲禮猶存。於五禮屬賓禮，有以下十章，末復有《記》一篇。

王使人郊勞　王賜侯氏舍　王戒覲期　受次于廟門外　侯氏執瑞玉行覲禮　覲已卽行三享　侯氏請罪天子辭乃勞之　王賜侯氏車服　王辭命稱謂之殊　略言王待侯氏之禮^{以上廟受}

_{覲 禮 竟}

喪服第十一·子夏傳

《論語》孔子云："人未有自致者也，^{自然致其直，}^{誠不能自禁}必也親喪乎？"又宰我問三年之喪，子曰："食夫稻，衣夫錦，於女安乎！"又曰："子生三年，然後免於父母之懷。三年之喪，天下之通喪也。"讀此可知喪服之眞諦矣。

士喪禮第十二

此古者士喪其父母，自始死至於旣殯之禮也。喪於五禮屬凶禮。又《疏》云："士喪父母，不言妻與長子，二者亦依士禮。"
本篇有以下三十六節。

復魂（冀其生也）事死之初事（喪禮凡二大端，一以奉體魄所事精神。楔齒、綴足，奉體魄之始。奠脯醢，事精神之始也）使人赴君　主人以下室中哭位　君使人弔　君使人襚　親者庶兄弟朋友襚　為銘　沐浴含飯之具陳於階下者　陳襲事所用衣物于房中沐浴含飯之具陳于序下者　沐浴　含飯　襲尸　設重（以上並始死之日所用之禮）陳小斂衣　饌小斂奠及設東方之盥　陳床第夷衾及　西方之盥　陳屬實（以上小斂待用衣物，計五節）小斂俟尸及主人主婦祖　髺　免髮襲絰之節　小斂奠　小斂後致襚之儀（以上皆親喪第二日禮）陳大斂衣奠及殯具　徹小斂奠　大斂　殯　大斂奠　大斂畢送賓送兄弟及出就次之儀　君臨視大斂之儀（以上皆親喪第三日事）成服（喪之第四日）朝夕哭奠　朔月奠及薦新　筮宅兆　哭柩哭器　卜葬日

既夕第十三

此《士喪禮》之下篇也。有以下十七節，末復有《記》一篇。

請啟期　豫於祖廟陳饌　啟殯　遷柩朝祖　薦車馬設遷祖之奠　將祖時先載柩飾柩車　陳器與葬具　還柩車設祖奠國君賵禮　賓賵　奠賵贈之禮　葬日陳大遣奠　將葬抗重出車馬苞器以次先行鄉壙　讀賵讀遣　柩車發行及在道君使宰贈之儀　窆柩藏器葬事畢　反哭于廟（于殯宮出就次。於是時，將舉初虞之奠矣）略言葬後儀節　及喪祭之目

士虞禮第十四

　　旣葬，返哭後之祭曰虞。虞，安也。士旣葬其父母，送形而往，迎精而返，日中而祭之於殯宮。殯宮，卽適寢也。初虞祭於葬日，遇柔日再虞，遇剛日三虞。虞於五禮屬凶禮，本篇有以下十一節，末復有《記》篇。

　　陳虞祭牲羞涪醴器具　主人及賓自門外入卽位　設饌享神^{是為}_{陰厭}延尸妥尸　饗尸　主人獻尸幷獻祝及佐食　主婦亞獻　賓長三獻　祝告利成尸出^{利，猶}_{養也}改設陽厭^{厭，}_{飫也}禮畢送賓

特牲饋食禮第十五

　　此祭禮，係指諸侯之士祭其祖禰於廟而言，非天子之士也。此於五禮屬吉禮，本篇有以下二十節，末復有《祭》❶一篇。

　　將祭筮日　筮尸　宿尸　宿賓　視濯視牲　祭日陳設及位次　陰厭尸入九飯　主人初獻　主婦亞獻　賓三獻　獻賓與兄弟　長兄弟加爵　衆賓長加爵　嗣舉奠獻尸　旅酬　佐食獻尸　尸出歸尸俎　徹庶羞　嗣子長兄弟饕　改饌陽厭　禮畢送賓

---

　　❶　"祭"疑為"記"。——編者註

少牢饋食禮第十六

此祭禮，係指諸侯之卿大夫祭其祖禰於廟而言。此於五禮屬吉禮，本篇有以下二十節。

筮祭日　筮尸宿尸宿請官　祭期　祭日視殺視濯　羹定實鼎譔器　將祭即位設几加勺載俎　陰厭　迎尸入妥尸　尸十一飯^{是謂正祭}主人献尸尸酢主人命祝致嘏　主人献祝　主人献兩佐食^{初献禮竟}主婦献尸　主婦献祝　賓長献尸　尸醋賓長　賓長献祝^{終献禮竟}祭畢尸出廟　餕

有司徹第十七

此《少牢饋食》之下篇也。有司❶、司馬、司士、宰夫之屬，徹謂徹去祭時之饌，□□❷天子諸侯則於祭之明日為之，名曰繹。此於五禮屬吉禮，本篇有认以下三十九節。

將儐尸穀設　選侑以辅尸　迎尸及侑　陳鼎偕下設俎俟載主人献尸主人献侑　主人受尸酢^{初献禮竟}主婦献尸　主婦献侑主婦文❸爵於　主人主婦受尸酢^{主婦並献禮竟}上賓三献尸　主人酬尸　羞于尸侑主人主婦　主人献長賓　辯献衆賓　主人自酢於長賓　主人酬賓　主人献兄弟　主人献內賓　主人献私人　上賓三献^{禮成}二人舉觶旅酬　兄弟後生舉觶

---

❶ 疑為"宮"。——編者註

❷ 疑為"望禮"。——編者註

❸ "文"疑為"攻"。——編者註

賓長加献于尸　次賓舉爵于尸更為旅酬　二觶交錯為無算觶　儐尸禮畢　不儐尸者尸八飯後事　不儐尸者尸十一飯時事　不儐尸者主人初献與賓尸者正祭初献同　不儐尸主婦亞献　不儐尸者　賓長三献　不儐尸者三献後主人徧献堂下並內賓之事　不儐尸者次賓長為加爵　不儐尸無算爵　不儐尸者禮終尸出　蓋不儐尸者為陽厭

禮記

禮者，治國之常經，修身齊家之本則也。故曰："安上治民，莫善於禮。"成周之世，禮教大備，周公從而制定之。禮經三百，威儀三千，所以定尊卑、別親疏、序人民、安社稷者，至詳且盡。及周之衰，諸侯僭越，惡其害己，皆去其籍，而後禮經始壞。秦火之後，毀滅更甚。《禮記》一書，輯自漢儒戴德、戴聖集先聖格言以成此書，世稱大小戴非出一人之手。蓋《禮記》者，係合《大戴記》《小戴記》而言，故稱"禮記"。《隋書·藝文志》，謂小戴聖刪大戴德之書，為四十九篇，自《小戴記》出，而《大戴記》幾廢。鄭康成治《小戴禮》，為之注，唐孔穎達疏，而後《禮記》之名言至理，聖賢仁義中正之道，乃炳若日月。如《中庸》《大學》之篇，皆聖賢道統之所寄，劉歆、鄭玄信為周公致太平之書，實為定論，後世疑其偽者非也。《禮記》《周禮》《儀禮》，世稱三禮

曲禮（上）曲禮（下）

《經》曰："《曲禮》三千"，言節目之委曲，其多如是也。此即古禮經之篇名，後人以編簡多，故分為上下云。

《曲禮》為本書首篇，開始第一節。即曰："毋不敬"，則

"敬"字誠為一部《禮記》之本源。可見聖人制禮，其精神全在於篤誠莊敬。故孔子曰："禮云禮云，玉帛云乎哉？"讀此書者，宜深長思也。

檀弓（上）檀弓（下）

檀弓，魯人之知禮者。本篇多言喪祭之禮，其於親疏尊卑之間，言之綦詳。而於三年之喪，反復引申，更足使人起罔極之思。天性流露，古今無二致也。《禮記》以吉、凶、軍、賓、嘉為五禮，此喪禮屬凶禮

王制

疏曰："《王制》之作，在秦漢之際。"

盧植云："文帝令博士諸生作。"

《王制》一篇，多記王者爵祿、巡狩、祭祀、征伐、賦役、刑罰之事。而於養老之禮，論列最詳。蓋養老之禮有四：養三老五更，一也；子孫死於國事，則養其父祖，二也；養致仕之老，三也；養庶人之老，四也。

月令

本篇見《呂氏春秋》言十二月政令之所行也，月用夏正，令則

雜舉三代及秦事禮家記事者抄合而成。

文王世子

　　本篇首言文王、武王為世子之禮，次為敎世子之法及三代敎世子之道。復引孔聖之言，申明人君當愼儲養之義。自《庶子之正於公族》以下十節，則又言處公族之道，與世子之法相表裡也。至論天子視學、養老之禮，公族處罰、受刑之制，更足見古人親親之道，不以貴而異其趨，至以《視膳》一節殿諸篇末者，則孝子事親無微不至，敎孝之意昭然矣。

禮運

　　此篇記帝王禮樂之因革，及陰陽造化、流通之理如天道之運行，故謂之"禮運"一篇。多記孔子嘆想古禮之詞，而與子游問答獨詳。□❶"大道之行，天下為公。大道即隱，天下為家"等句。尤足表明精神。絕非後世玉帛進退之虛文。又復推原禮之，古人心無偽，雖禮節簡陋，亦自可以敬鬼神也。本章大意自孔子嘆周魯之失禮，而推言至制禮之初，與夫治國之要。政失國危之道，皆以禮之興廢為準繩，此《禮運》一篇之精神也。

---

❶ 疑為"其"字。——編者註

禮器

　　器有二義：一是學禮者成德器之美，一是學禮者明用器之制。器者，各適其用之謂，以見吾人不可斯須去禮也。先王制禮，無所不賅。於身則言語、服飾、威儀，於人則父子、兄弟、君臣、夫婦、賓客，於事則冠婚、喪祭、射御、朝聘，於地則鄰里、鄉黨、宗廟、朝廷，其厚薄、崇卑、內外、大小，莫不各適其用，此禮之不可須臾離也。本篇明禮之本體，故有竹箭、松柏之喻，有先王制禮之節，皆就禮之。以小為貴，以高為貴，以下為貴，以文為貴，以素為貴。諸節闡發詳明，不豐不殺，禮之功用大備矣。

郊特牲

　　陸氏曰："郊者祭天之名。用一牛，故曰特牲。"

　　石梁王氏曰："此篇皆記祭事，而雜冠、婚兩段。"

　　本篇記祭祀之禮。前半多言祭之等級，後半多言祭之儀物，中間記大夫私覿之非禮。及《天子微諸侯僭》等節，尤足見先王制禮杜漸防微之深意。他如祭社之禮、郊祀之禮，亦記載極詳。而《冠義》八節，《昏禮》五節，亦附載於此。意者祭為禮之大者，冠、昏則為禮之始歟。

內則

疏曰："閨門之內，軌儀可則，故曰'內則'。"

石梁王氏曰："此篇於《曲禮》之義為多。"

本篇首節后王命冢宰降德於兆民，次即詳言子事父母之道及婦事舅姑之德，蓋以孝為德之本也。其他各節，可分兩大端言之。其一，即事言。如未冠、未笄事親之禮；冢婦、介婦事親之禮；生子之禮；命名之禮；以及教養、使令之事；宗、庶，妻、妾之分。無不剴切詳明，垂示後世。其一，即物言。饎酏酒醴，衣衾簟席，皆孝之所寄也；至於父母有過，柔聲以諫；子婦未敬，勿庸疾怨。更以曲盡家庭共處之禮。而通篇大旨，則以"別內外""謹夫婦""養老事親"數字盡之矣。

玉藻

此篇記天子諸侯服冕、笏佩諸制，及行禮之容節。

本篇前半，記天子諸侯大夫等服冕之制，及其行禮之儀容。後半則雜記孝子事親之容，及喪祭軍旅之容。《立容辨》《卑勿諂》二節，則記君子一身盛德之容也。

明堂位

本篇皆記周公行禮之事，及魯用周禮之盛。首言周公攝政，朝諸侯於明堂之儀及諸侯、夷狄所立之處。次言成王以周公有勳勞於天下，特賜魯得用天子之禮，兼四代服器及其後魯祭周公之禮。孔子所謂"周禮在魯"，此之謂也。

大傳

鄭氏曰："記祖宗人親之大義。"

本篇首言王者禘祭，以明孝所自出也。次言武王治親屬合族之禮，以明親疏也。其他服術之制、五宗之義，更足以啟後人敦宗睦族之思。而《立權》二節，詳言可與民變革與不可與民變革之事，尤為萬世不易之理。蓋立權度量、考文章、改正朔、易服色、殊徽號、異器械、別衣服諸大端，皆可與民變革之事。所謂三代之禮不相因者是也，若夫親疏、長幼、尊卑、男女之間，則異乎！此學者不可不知也。

少儀

朱子曰："小學之支流餘裔。"

此篇多記交際之禮。故首節卽言交際請見之詞，而吉禮相見、凶禮相見，亦次第言之授受之節。洒掃之微，亦復備載。可見古人制禮，無微不至矣。

又此篇言事尊長之禮最詳，小學之精義也。

學記

本篇言敎言學，循序漸進。凡立敎立學之理，入學之年，敎學之效，無不詳賅。自始學以至化民易俗，近悅遠懷，可謂集學之大成。而《師嚴道尊》一節，尤為設敎立學之眞精神。

樂記

此篇首節先論樂始於人心，而感於物、動於聲，是探樂之本源。次言五音推出之至理，以明樂之功用，又復申言樂與禮相資為治。故曰“樂由中出，禮自外作”，可見禮樂之本體，不在聲音、節目。復借魏文侯與子貢問答之詞，以明樂實本於心。賓牟賈與孔子問答之詞，以明大學之真諦。子貢與師乙問答之詞，以明歌詩與、舞蹈之，可謂至矣。又曰：“鄭衛之音，亂世之音也。桑間濮上之音，亡國之音也。”一國之樂，可以覘興亡，顧不重哉！

雜記（上）雜記（下）

本篇多記喪葬祭弔之。

祭法

祭法者，設祭之法也。故首言四代內祭之法，曰禘、曰郊、曰祖、曰宗，四者皆在當祭之外，立為世室，百世不遷。《燔柴》節以下，言外祭之❶；則祭天地、日月、寒暑、水旱等之法也。立廟之制，所以別尊卑也。□□❷之制，所以報有功也。於是先王制禮祀典乃大備焉。

祭義

祭義者，祭祀之本義也。故本篇首言"祭不欲數，祭不欲疏"，蓋言君子順時行祭之道也。而祭禮之大者，莫過於孝。故本篇十之八九，皆言孝子之祭其親，可見先王制禮之本意矣。

---

❶ 此疑為"法"字。——編者註

❷ 疑為"禮樂"。——編者註

祭統

鄭氏曰："統猶本也。"

本篇首言祭本於心，以明祭禮非自外至。次則言祭主於孝，以明祭之本義，不外倫理。祭有《十倫》一章，廣陳十義。舉凡事鬼神之道、君臣之義、父子之倫、貴賤之等、親疏之殺、爵賞之施、夫婦之別、政事之均、長幼之序、上下之際，無不詳細記載，祭之為用大矣哉。

哀公問

本篇皆記魯哀公與孔子問答之詞，言禮兼及於政。而《政者正也》一節，卽子率以正孰敢不正意，實為為政者萬世不易之眞諦，讀者所當深思也。

仲尼燕居

本篇記孔子與子游、子貢、子張三門人問答之辭，以明禮為成身之本。《子張問政》節以下，兼言禮樂政事。總見"政不外於禮樂，禮樂不外於吾身"，皆至言也。

孔子閒居

本篇記孔子與子夏問答之辭，以明禮樂之用，通乎天地，洽於四方，總以無私為禮樂之眞精神也。

坊記

本篇言君子以道防民之失，猶以隄遏水之流也。

中庸

《大學》《中庸》二篇已列四書內，故從略。

表記

鄭氏曰：“記君子之德之見於儀表者。”

緇衣

本篇多言為政之道。自《好賢如緇衣》以下，言化民宜尚德緩刑，上下感應之機，皆為政之大本。次言君民一體，人君當端好惡、講誠信、敬大臣、體民也**❶**。末言君子交友之道，不以泯於富貴貧賤之間，有微意囗**❷**。

深衣

本篇統言深衣之制。深囗**❸**也，言祭服、朝服、喪服，皆衣與裳殊。惟深衣不殊，則其被於體也，深邃，故名深衣。短毋見膚，長毋被土，可以想見古人之囗**❹**制焉。

投壺

投壺亦習射之類，諸侯、大夫、士均有之，《左傳》"晉侯與齊侯燕，投壺"是也。本篇只言大夫、士投壺之禮，盖投壺雖亦習射

---

❶ 疑為"怨"字。——編者註

❷ 疑為"焉"字。——編者註

❸ 疑為"者"字。——編者註

❹ 疑為"遺"字。——編者註

97

之類，乃因燕而為之，與燕樂口**❶**，故習此禮時，在室、在堂，亦謂之燕射，非如大射、鄉射之隆重也。

儒行

本篇十七節，皆孔子與哀公論儒者之言。內而德性，外而威儀，無不備也。

大學

見前《中庸》篇。

冠義

疏曰："冠禮起早晚，書傳無正文。"《世本》云："黃帝造旒冕"，是冕起於黃帝也。黃帝以前，以羽皮為冠，以後乃用布帛。其冠之年，天子、諸侯皆十二。

《呂氏》曰："冠昏、鄉射、燕聘，天下之達禮也。"《儀禮》所載，謂之禮者，禮之經也。《禮記》所載，謂之義者，皆舉其經之節文，以述其製作之義也。

考《士冠禮》，三加彌尊於加以緇布冠，次加皮弁，次加爵弁，

---

❶ 疑為"同"字。——編者註

三加而服彌尊，所以為成人敬也。緇布，齋冠也；皮弁，朝服也；
爵弁，祭服也。古者童子雖貴，名之而已。冠而後字之，成人之道
也，故敬其名，此冠禮所以為六禮之首也。

昏義

疏曰："謂之昏者，娶妻之禮。"以昏為期，因名焉。必以昏
者，取陽往陰來之義。

《呂氏》曰："物不可以苟合而已"，故受之以賁天下之情，不
合則不成。而其所以合也，敬則克終，苟則易離，必受之以致飾
者，所以敬而不苟也。昏禮者，其受賁之義乎。

本篇詳言昏娶之禮，凡納采、問名、納吉、納徵、請期、親迎
之禮，無不詳備。凡此六者，所以致敬，則不苟也。蓋昏禮者，將
以合二姓之好，上以事宗廟，而下以繼後世也，故君子重之，敬慎
重正，告廟而行。古人之重昏禮如此，又安有苟合易離之弊哉。

鄉飲酒義

《呂氏》曰："鄉飲酒者，鄉人以時會聚，飲酒之禮也。因飲酒
而射，則謂之鄉射。"鄭氏謂"三年大比，興賢者、能者，鄉老及
鄉大夫，率其吏與其衆，以禮賓之"，則是禮也，三年乃一行。諸
侯之卿大夫，貢士於其君，蓋亦如此。先儒謂鄉飲有四：一則三年
賓賢能，二則鄉大夫飲國中賢者，三則州長習射，四則黨正蜡祭。

然鄉人凡有會聚，當行此禮，恐不特四事也。《論語》“鄉人飲酒，杖者出斯出矣”。亦指此禮而言。

鄉鄉飲酒之禮，以齒為序。故六十者坐，五十者立侍以聽政役，所以明尊長也。六十者三豆，七十者四豆，八十者五豆，九十者六豆，所以明養老也。民知尊長、養老，而后乃能入孝弟。民入孝弟，出尊長、養老，而后成教，成教而后國可安也。故孔子❶曰：“貴賤明，隆殺辨，和樂而不流，弟長而無遺，安燕而不亂，此五行者，足以正身安國矣。彼國安而天下安。故曰吾觀於鄉，而知王道之易易也。”

射義

疏曰：“《繫辭》云：‘弦本為弧，剡本為矢’。”又《世本》云：“揮作弓，夷牟作矢。” 注云：“揮、夷牟，黃帝臣。”《虞书》云：“侯以明之，夏殷無文，周則具矣。”

古者諸侯之射也，必先行燕禮。卿大夫之射也，必先行鄉飲酒禮。蓋射以觀德。諸侯歲献，貢士於天子，天子試之於射宮，以定諸侯之賞罰。又天子將祭，必先習射於澤，而後射於射宮，亦所以取士，而定諸侯之賞罰也。本篇記孔子習射於鄉一事，而曰“賁軍之將，亡國之大夫”，與“為人後者不入”，則昭示忠孝，大義懍然，此射之精義也。

---

❶ “孔子”當為“荀子”。——編者註

燕義

此明君臣燕飲之義。

聘義

呂氏曰："天子之與諸侯，諸侯之與鄰國，皆有朝禮，有聘禮。朝則相見，聘則相問也，朝宗、覲遇、會同，皆朝也。存頫省聘問，皆聘也。"故聘禮有天子所以撫諸侯者，大行人歲徧存，三歲徧頫，五歲徧省是也。有諸侯所以事天子者，大行人時聘以結諸侯之好，殷頫以除邦國之慝是也。有鄰國交脩其好者，大行人諸侯之邦交，歲相問，殷相聘是也。《儀禮》所載，鄰國交聘之禮也。聘義者，釋聘禮之義。

諸侯比年一小聘，三年一大聘，皆相厲以禮，弗敢錯誤。凡聘禮賓則有介，介，副也，所以輔行斯事者也。主國必有擯，所使以接賓者也。

春秋

《春秋》，魯史名。古之王者，世有史官，君舉必書，故左史記言，右史記事，事即春秋是也。_{《尚書》為記言之書}周室既衰，載籍殘缺，亂臣賊子，肆無忌憚，孔子憂之。故因魯史成文，考其真偽，而志其典禮。上以遵周公之遺制，下以明將來之法。示勸懲，寓褒貶，筆則筆，削測削，游夏不能贊一辭。是蓋假魯史以寓王法，有德者必褒，而善自此可勸。有罪者必貶，而惡自此可懲。此書之作，遏人欲於橫流，存天理於既滅，為後世慮至深遠也。孟子曰：“世衰道微，邪說暴行有作，臣弒其君者有之，子弒其父者有之。孔子懼，作《春秋》。”《春秋》，天子之事也，是故孔子曰：“知我者其惟春秋乎，罪我者其惟春秋乎。”觀乎此可以知春秋一書，後世所以尊之為經也。_{《春秋》始魯隱公元年，即周平王四十九年。終魯公十四年，即周敬王三十九年。計十二君，二百哀十二年。又以西狩獲麟四，春秋絕筆故又稱麟經}

魯隱公

公名息姑，惠公之子，姬姓侯爵。自周公之子伯禽始受封，傳世一十三而至隱公，攝主國事。在位十一年，謚法不尸其位曰隱。

惠公元妃孟子卒，繼室以聲子生隱公。宋武公生仲子，仲子生，有文在其手，曰為魯夫人。故仲子歸於魯，生桓公。而惠公薨，諸大夫擁立隱公，攝行君事。《春秋》於隱公元年不書即位，蓋以隱公志在讓桓，不行即位之禮也。然公薨不書地、不書葬，則隱公之被弒，無可諱也。屬辭比事，《春秋》之教，讀者當思過半矣。

桓公

公名軌，《史記》名允，惠公之子，隱公之弟，母仲子，夫人文姜。弒隱自立，在位十八年，謚法辟土服遠曰桓。

桓公弒隱公而自立，其禍機之伏，始於惠公以仲子為夫人。故隱之與桓，始有嫡庶之分。夫古者諸侯不再娶，于禮無二嫡，惠公之妃既卒，則聲子與仲子同，隱與桓皆庶出矣。《公羊傳》謂“桓幼而貴，隱長而卑”。實徇惠公失禮而為之辭，非《春秋》之義也。孔子於桓之弒隱，深惡痛絕，故於桓之為桓，仍舊史以著實，而其罪自定，且以見亂賊之得志，天王之失誅也。迨其後公薨於齊，又為夫人姜氏所弒，悲夫！

莊公

公名同，桓公之子，母文姜，夫人哀姜，年十四歲即位。在位三十二年，謚法勝敵克亂曰莊。

莊公元年不書即位，《穀梁傳》以為先君不以其道終，故子不忍即位。然所謂不忍者，必失志復仇，死生以之。乃文姜如齊，既招敝笱之恥。哀姜入魯，更有事仇之嫌。蓋公享國三十餘載，事事越禮，及其末年，政由慶父，竟致弒賊世子，幾危社稷，此《春秋》於公無恕辭也。

閔公

公名啟芳，《史記》名開，莊公之子，九歲卽位。在位二年，諡法在國遭難曰閔。

閔公以幼沖繼立，《春秋》於元年不書卽位，蓋以莊公薨，子般卒，夫人與慶父利其幼而立之，內不承國於先君，外不請命於天子，是私立也。《春秋》之義，以人倫為重，故不書，所以示貶也。公立二年薨不書地，而慶父奔莒，夫人姜氏孫^{讀曰遜}於邾，則弒閔之賊可知矣。

僖公

公名申，莊公之子，閔公庶兄，母成風，夫人聲姜。在位三十三年，諡法小心畏忌曰僖。

公元年不書卽位，內無所承，上不請命也。然公之生平，乃心王室，故首止之盟而世子定，葵丘之會而王室安。齊桓之業，在於尊周，而公與焉，亦魯之賢君也。

文公

公名興，僖公之子，母聲姜，在位十八年。謚法慈惠愛民曰文，忠信接禮曰文。

僖公未葬而公卽位，王使毛伯來錫命。穀梁氏曰："禮有受命，無來錫命。"譏非禮也。況朝晉會齊，世不絕書。貴卿比年往聘，過乎事天子之禮。而京師之朝，終公之世無聞焉。蓋公知有伯主，而不知有王室也。

宣公

公名倭，一名接，又作委。文公之子，母敬嬴。在位十八年，謚法善問周達曰宣。

公元年書卽位，非善之也。蓋公子遂殺惠伯而弑子赤，立宣公，是公為弑君者所立。受之而不討賊，書卽位，所以著其罪。美惡不嫌於同詞，《春秋》之例也。桓宣之篡雖同，而情稍異，桓首惡也，宣則與聞其事而已。況宣公之立，內倚仲遂，外結齊援，蔑理亂義，以圖大位。《春秋》書公子遂如齊逆女，所以譏喪娶也；書齊人取濟西之田，所以譏賂齊也；屢書公如齊，所以譏獻媚也；大書齊高固來逆子叔姬，所以譏魯嫁女於大夫也；書初稅畝，所以譏重斂也。當是之時，倫常廢墜，君臣道絕。陳則夏徵舒弑靈公矣，王札子殺召伯、毛伯矣，晉趙盾弑靈公矣，鄭公子歸生弑靈公矣。王綱不振，而諸侯放恣，此《春秋》所以口誅筆代❶也。

成公

公名黑肱，宣公之子。在位十八年，諡法安民立政曰成。

成公之世，內有三桓之專，外有晉楚之強。《春秋》書晉來乞師，凡四見，則公之周旋兩大，疲於奔命可知矣。雖丘甲之作，戰於鞍而勝齊，然自是晉賞鞍之功作六軍，而六卿專晉之兆見矣。魯任四卿以帥師，而季孫專魯之勢成矣。衛任孫良夫以會師，而林父逐君立君之亂啟矣。大夫專政，每况愈下，又何王室之有哉。

襄公

公名午，成公之子，母定姒，年四歲卽位，在位三十一年。諡法因事有功曰襄，辟土有德曰襄。

襄公幼冲卽位，政由大夫，三軍作而三家之勢強，公室無兵矣，會於戚而大夫之權重，政出私門矣。襄公之世，凡五如晉，魯臣之聘於晉者，凡十。蓋魯始親齊，自鞍之戰，乃背齊事晉，猶可說也。公之末年，乃竟往朝僭王之楚，流連忘返，進退失據。內有權臣之憂，外受強齊之逼，《春秋》書公薨於楚宮，蓋譏之也。

---

❶ “代”當為“伐”。——編者註

昭公

公名稠，襄公之子，母齊歸，夫人孟子。在位二十五年，孫於齊在外八年，凡三十三年薨於乾侯，諡法威儀恭明曰昭。

按襄公諸子，有長而應立者，季氏利昭之幼，越次立之，已置君如奕棋矣。公承積弱之餘，不能奮發有為。凡五如晉，而四不得入，兩朝晉而一見止。昭以周公之胄、千乘之君，內則受制於季孫，外則見辱於晉侯，卒至為季所逐，薨於乾侯，嗣子亦為權臣所擯，不得有國，良可悲矣！而是時景王既崩，王室大亂，晉侯削弱，方伯無權，又誰問魯難哉！

定公

公名宋，襄公之子，昭公之弟。在位十五年，諡法安民大慮曰定。

昭公失國，薨於乾侯。季氏又廢太子衍及務人而立公子宋，是為定公。公，昭之弟也。季孫意如媚晉，以逐昭公。定公之世，陪臣陽虎，更媚晉以制三桓。是以定公六年書季孫斯仲孫何忌如晉，所以著陽虎專權之始也。八年書盜竊寶玉大弓，所以著陪臣竊國之寶也。當是時也，三家方苦陪臣之專，尾大不掉，乃舉孔子為魯相。已而政聲四達，齊歸侵地，墮三都而賊臣失所憑，會夾谷而齊侯知其過，內憂外患，日漸消弭，魯非不可為也。惜乎齊歸女樂，而孔子行，圍成不克而君威失，君荒臣橫，故態復作。終公之事，興復無望矣。

哀公

公名蔣，定公之子，母定姒，四歲卽位，在位二十七年。於十四年春，西狩獲麟，《春秋》終。諡法恭仁短折曰哀。

哀公之世，孔子既去魯，三家復張。十有一年，冉有為季氏將，康子以幣迎孔子。孔子歸魯，年六十八矣。然魯終不能用孔子，孔子亦不求仕，乃叙詩、傳禮、删詩、正樂、序易，弟子蓋三千焉。十有四年春，西狩獲麟，孔子曰："吾道窮矣。"《春秋》終於此，蓋有天道存焉。

左傳

左丘明，魯之太史，相傳為左史倚相之後，^{春秋之世，無有董狐，齊有
太史簡、楚倚相，皆史官}^{之卓
著者}述孔子之志而作傳曰《左氏春秋》，世又稱《左傳》。蓋周德既衰，官失其守，史不盡職，記口多誤。孔子憂之，乃因魯史之舊作《春秋》，訂其真偽，而志其典禮。一字之褒，榮於華袞。一語之貶，嚴於斧鉞。上以遵周公之制，下以明將來之法。左丘明受經於仲尼，身非私淑，號為素臣，^{世稱孔子
為素王}身為國史，躬覽載籍，乃依經作傳，以示後世。左傳之作，其文緩、其旨遠、婉而成章，懲惡而勸善。其釋經也，或先經以始事、或後經以終義、或依經以辯理、或錯經以合義，隨例而發，原始要終，使後之學者，義例分明，條理貫澈。輔翼聖經，厥功偉矣。

節錄左傳提要

周十二王

春秋歷十四王，悼王立未逾年，敬王崩在春秋後，故止稱十二王。

平王　桓王　莊王　僖王　惠王　襄王　頃王　匡王　定王　簡王靈王　景王　敬王

列國見於年表者十九

魯蔡曹衛滕晉鄭齊秦楚宋杞陳吳邾莒薛許小邾

魯十二公

隱公　桓公　莊公　閔公　僖公　文公　宣公　成公　襄公昭公定公　哀公

五伯

齊桓公　宋襄公　晉文公　秦穆公　楚莊王

魯三桓^{又稱三家}

仲孫氏，又稱孟孫。僖公十五年，公孫敖救徐，是為孟孫之始。

　　叔孫氏，僖公四年公孫茲侵陳，是為叔孫之始。

　　季係氏，僖公元年公子友敗莒於酈，是役公賜季友汶陽之田及費邑，是為季孫之始。三家皆系出桓公，故又稱三桓。

晉八卿

智罃　士匄　荀偃　韓起　欒魘　士魴　魏絳　趙武
晉六卿
趙氏　范氏　智氏　荀氏　魏氏　韓氏

晉三卿

魏斯　韓虔　趙籍
按其後三家分晉，是為戰國韓、趙、魏三國之始。

制楚得失凡七

　　召陵以義勝，城濮以威勝，鄢陵以幸勝，蕭魚以善勝。

　　于泓以不度德不量力而敗，于泌以將不用命而敗，召陵以求貨弗得而還。

齊桓衣裳之會凡十有一

北杏　兩鄄　兩幽　干樫　于貫　陽穀　首止　甯母　葵丘

齊桓兵車之會凡四

于洮　于鹹　牡丘　于淮

晉襄退三强

敗秦于殽　敗狄于箕　伐許 ^{許貳于楚，伐
司所以離楚也}

晉悼五會

雞澤　于戚　救陳　于鄔　邢丘

晉悼三駕 ^{此傳所謂三駕，
而楚莫與爭也}

襄十年伐鄭　十一年伐鄭　同年伐鄭

晉平七合諸侯

溴梁　祝柯　澶淵　商任　沙隨　兩夷儀

晉平五合諸侯

澶淵　于宋　城杞　澶淵　于虢

孔子相魯

定公十年，會于夾谷，齊人來歸鄆讙龜陰之田。

十二年，叔孫墮郈，季孫、仲孫墮費。

十四年，天王使石尚來歸脤。^{周魯之交止此}

子路用魯

定公十二年墮郈、墮費。

子貢用魯

定公十五年，邾子來朝。

哀公七年，公會吳于鄫。

十二年，公會吳于橐皋。

公會衛、宋于鄖。

冉求用魯

哀公十一年，齊國書伐我。

春秋五始

元者，氣之始。春者，四時之始。王者，受命之始。正月者，政教之始。即位者，一國之始。故於每一魯君元年，必書春、王、正月也。

屬辭比事

《禮記》，屬辭比事，《春秋》教也。

西狩獲麟

　　哀公十四年春，西狩於大野。叔孫氏之車子鉏商獲麟，以為不祥，孔子觀之，曰麟也。《春秋》絕筆於此，但《左氏傳》直盡哀公末年，與經不合。

公羊傳

公羊，複姓，魯公孫羊孺之後，系出姬姓。魯人有公羊高，子夏期弟子，作《春秋傳》，即世所謂《公羊傳》也。

公羊氏依經作傳，析理最明，剖辯精密。其書多作問答體，以反覆尋繹，發其眞理。漢儒董仲舒詳審講明，胡母生著為條例，河休復依胡生條例，精研審訂，闡明旨趣，使後之學者知所歸焉。

穀梁傳 秦火之後，《左傳》先
出，《公》《穀》次之。
其列於學官，則《公》《穀》在先，而《左氏》最後。
唐以後治《公》《穀》學者漸少，至今多重《左氏》云

穀梁，複姓。魯有穀梁氏，穀梁赤，亦魯人子夏弟子，作《春秋傳》，即世所謂《穀梁傳》也。自漢以來，釋《穀梁》者近十家，率皆膚淺不足以彰微學。至晉范甯氏，乃商略名例，敷陳疑滯，穀梁之學，漸為世重。其書亦多問答體，清而婉，述古多徵，頗有精義。後之學者，詎可以膚淺誣之哉！

春秋三傳概要 ^{《左傳》世稱}

《春秋》內傳，
《國語》稱外傳，皆出左邱明左氏
重記載。公穀重訓詁，此其不同也

　　《春秋》者，魯史記之名也。孔子自衛返魯，因魯史之舊，而脩《春秋》，彰善癉惡，隱寓褒貶，其義正、其辭微，信不易之宏規，百世之信史也。左丘明受經於孔子，公羊、穀梁親炙於子夏，依經作傳，各有精義。雖《左氏》以鬻拳兵練為愛君，以文公納幣為用禮。《穀梁》以衛輒拒父為尊祖，以不納子糾為內惡。《公羊》以祭仲廢君為行權，以妾母稱夫人為合正。持論偏詖，違背經旨，不能不為三傳之缺點。然《左氏》親炙孔門見聞較切，其作傳也，實足以發經義之蘊奧。治公穀之學者，雖有異同、是非之爭，其精微淵博，亦未可厚也。世之論者，以為《左氏》豔而富，其失也誣。《穀梁》清而婉，其失也短。《公羊》辯而裁，其失也俗。甚有謂《左氏》浮誇，《公羊》強辯，《穀梁》膚淺者，師承各異，解說紛歧。是蓋兩漢經師遞相口授，派別不同，莫衷一是之過也。

孝經

　　《孝經》共十八篇，乃孔子與曾子傳孝道之書。孔子云："吾志在《春秋》，而行在《孝經》。"此可見孝者，德之本也。蓋孝本於天性，其源只在於方寸，其效可達於天下。聖人教人以孝，不過順其自然固有之天良，而加以教導。如水之源、如木之萌，不假人力，亦自暢達。其天性中已然賦有此種美德，自有人類以來，迹象演進，亙古不滅。孔子探其本源，窮其功用，著為《孝經》，以垂後世。凡修身齊家治國平天下，其大本皆在於此。孩提之童，無不知愛其親，此明證也。夫孝之為德，至微至堅，摧殘之不加損，粉飾之不加多。縱人慾橫流，邪說蕡興，狡黠者流，思欲以種種方法，破壞此人類固有之天良。然此天然之親愛眞誠，固油然隱伏於一般人之心理，遇機而發，隨處皆是，界限不分乎種族，人類不分乎文野。譬之生理，視聽不能易其位。譬之四時，寒暑不能移其序也。世有疑吾言者乎？試思販夫走卒，賣漿屠狗之流，其能讀《孝經》者，曾有幾人？何以四千年來，世風遞變，而此種美德，不以古今而異耶。

　　《孝經》亦有今文、古文之別，唐太宗自作注解，頒行之，即今文之《孝經》也

開宗明義章第一

本章總括孝之終始，以孝為德之本，教之所由生也。

天子章第二

本章言天子之孝。言愛敬盡於事親，而德教加於百姓，形於四海也。

諸侯章第三

本章言諸侯之孝。言能保其社稷，和其人民，而得常主祭祀也。

卿大夫章第四

本章言卿大夫之孝。言行皆遵先王之道，而能守其宗廟也。

士章第五

本章言士之孝。言以孝事君則忠，以敬事長則順，而能保其祿位，以守其祭祀也。

庶人章第六

本章言庶人之孝。言謹身節用，以養其父母也。

三才章第七

本章言孝之大。故曰：“孝，天之經也，地之義也，民之行也。”

孝治章第八

本章言以孝治天下治國治家之道也。

聖治章第九

本章言人之行，莫大於孝，孝莫大於嚴父。故聖人因嚴以敎敬，因親以敎愛也。

紀孝行章第十

本章列舉孝行，故曰"孝子之事親也，居則致其敬、養則致其樂、病則致其憂、喪則致其哀、祭則致其嚴，五者備然後能事親。"蓋言孝之全體也。

五刑章第十一

本章言罪之大者，莫過於不孝。故曰："非孝者無親，此大亂之道也。"

廣要道章第十二

本章孝悌並論，而以敬為主也。

廣至德章第十三

本章言君子之教孝，非家至而日見之也。言其有至德，而民順之也。

廣揚名章第十四

本章言君子之行成於內，而名立於後世也。

諫諍章第十五

本章言父有諍子，則身不陷於不義。故當不義從父之命，不得為孝也。

感應章第十六

本章言孝悌之至，通於神明，光於四海，無所不通也。

事君章第十七

本章言君子之事上，進思盡忠，退思補過，將順其美，匡救其惡，故上下能相親也。

喪親章第十八

本章言孝子之事親，生事愛敬，死事哀慼也。

大學 <small>《大學》者，大人之學也。古者十五而入大學</small>

程子曰："《大學》，孔氏之遺書，而初學入德之門也。"於今可見古人為學次第者，獨賴此篇之存。而"論孟"次之，學者必由是而學焉，則庶乎其不差矣。

朱子曰："《大學》之書，古之大學，所以教人之法也。蓋自天降生民，則既莫不與之以仁、義、禮、智之性矣。然其氣質之秉，或不能齊，是以不能皆有以知其性之所有，而全之也。一有聰明睿智，能盡其性者，出於其間，則天必命之以為億兆之君師，使之治而教之，以復其性。此伏羲、神農、黃帝、堯、舜所以繼天立極，而司徒之職、典樂之官，所由設也。人生八歲入小學，而教之以灑掃、應對、進退之節，禮、樂、射、御、書、數之文。及其十有五年，則入大學，而教之以窮理、正心、脩己、治人之道。此又學校之教，大小之節，所以分也。及周之衰，賢聖之君不作，學校之政不脩，教化陵夷，風俗積敗。時則有若孔子之聖，而不得君師之位，以行其政教。於是獨取先王之法，誦而傳之，以詔後世。若《曲禮》《少儀》《內則弟子職》諸篇，固小學之支流餘裔。而此篇者，則因小學之成功，以著大學之明法，外有以極其規模之大，而內有以盡其節目之詳者也。三千之徒，蓋莫不聞其說，而曾氏之傳，獨得其宗，於是作為傳義以發其意。及孟子沒而其傳泯焉，則其書雖存，而知者鮮矣。河南程氏兩夫子出，而有以接乎孟氏之傳，實始尊信此篇，而表章之。既又為之次其簡編，發其歸趣。然後古者大學教人之法，聖經賢傳之旨，粲然復明於世矣。”

上節錄朱子《大學章句》原序。《大學》一書，乃曾子述孔子之言，作《聖經》一章。復作《傳義》十章，以釋經旨，言其綱領，不外乎明德新民止於至善。而其條目，則格物致知、誠意正心、脩身、齊家、治國、平天下也。學者誠能於大學之道，循序漸進、心體力行、探本求源、由近及遠，不惑於寂無虛滅、不陷於敗壞支離，不侈談新奇、而遠於實用，不競尚權術、而微倖一時，則治教休明，豈無術哉。

中庸 中者，不偏不倚、無過不及之謂。庸，平常也

程子曰："不偏之謂中，不易之謂庸。"中者，天下之正道。庸者，天下之定理。此篇乃孔門傳授心法，子思恐其久而差也，故筆之於書，以授孟子。其書始言一理，中散為萬事，末復合為一理。放之則彌六合，卷之則退藏於密，其味無窮，皆實學也。善讀者玩索而有得焉，則終身用之，有不能盡之者矣。

朱子曰："《中庸》，何為而作也？子思子憂道學之失傳而作也。蓋自上古聖神繼天立極，而道統之傳，有自來矣。其見於經，則允執厥中者，堯之所以授舜也。人心惟危，道心惟微，惟精惟一，允執厥中者，舜之所以授禹也。堯之一言，至矣盡矣。而舜復益之以三言者，則所以明夫堯之一言，必如是而後可庶幾也。蓋嘗論之，心之虛靈知覺，一而已矣。而以為有人心、道心之異者，則以其或生於形氣之私，或原於性命之正，而所以為知覺者不同，是以或危殆而不安，或微妙而難見耳。然人莫不有是形，故雖上智不能無人心；亦莫不有是性，故雖下愚不能無道心。二者雜於方寸之間，而不知所以治之，則危者愈危，微者愈微。而天理之公，卒無以勝夫人欲之私矣。精則察夫二者之間，而不雜也。一則守其本心之正，而不離也。從事於斯，無稍間斷，必使道心常為一身之主，而人心每聽命焉。則危者安，微者著，而動靜云為，自無過不及之

127

差矣。夫堯、舜、禹，天下之大聖也，以天下相傳，天下之大事也。以天下之大聖，行天下之大事，而其授受之際丁寧告戒，不過如此。則天下之理，豈有加於此哉！自是以來，聖聖相承，若成湯文武之為君，皋陶、伊傅、周召之為臣，既皆以此而接夫道統之傳。若吾夫子則雖不得其位，而所以繼往聖、開來學，其功反有賢於堯舜者。然當是時見而知之者，惟顏氏、曾氏之傳得其宗。及曾氏之再傳，而復得夫子之孫子思，則去聖遠而異端起矣。子思懼夫愈久而愈失其真也，於是推本堯、舜以來相傳之意，質以平日所聞父師之言，更互演繹，作為此書，以詔後之學者。蓋其憂之也深，故其言之也切。其慮之也遠，故其說之也詳。其曰天命率性，則道心之謂也。其曰擇善固執，則精一之謂也。其曰君子時中，則執中之謂也。世之相後，千有餘年，而其言之不異，如合符節。歷選前聖之書，所以提携綱維，開示蘊奧，未有若是其明且盡者也。”

上節錄朱子《中庸章句》序，以見此書實為吾人持身立命之大本。使人反求諸已，其道自得。進之可至於聖賢，失之則近於禽獸。蓋中庸之道，即平常理，天命之所當然，不假外求，不能附會。學者誠能熟讀詳繹，存養省察，充其本然之善，則天理常存，一切人欲之賊，外誘之私，又何由生哉！

論語

論《語》與《孟子》北宋以前之名均列於十三經內。南宋以後，始合《大學》《中庸》《論語》《孟子》稱四書。若以《論語》《孟子》統於四書之內，則不足十三經之數矣，故分錄之

《史記‧世家》曰：孔子名丘，字仲尼。其先宋人，父叔梁紇，母顏氏，以魯襄公二十二年庚戌之歲十一月庚子生孔子於魯昌平鄉陬邑。為兒嬉戲，常陳俎豆，設禮容。及長，為委吏，料量平。為司職吏，畜蕃息。適周問禮於老子，既反而弟子益進。昭公二十五年甲申，孔子年三十五，昭公奔齊，魯亂。於是適齊，為高昭子家臣，以通乎景公。公欲封於尼谿之田，晏嬰不可，公惑，孔子遂行，反乎魯。定公元年壬辰，孔子年四十三，而季氏強僭，其臣陽虎作亂專政，故孔子不仕，而退脩《詩》《書》《禮》《樂》，弟子彌眾。九年庚子，孔子年五十一，公山不狃以費畔，季氏召，孔子欲往，而卒不行。定公以孔子為中都宰，一年，四方則之，遂為司空，又為大司寇。十年辛丑，相定公，會齊侯於夾谷，齊人歸魯侵地。十二年癸卯，使仲由為季氏宰，墮三都，收其甲兵。孟氏不肯墮成，圍之不克。十四年乙巳，孔子年五十六，攝行相事，誅少正卯，與聞國政。三月魯國大治，齊人歸女樂以沮之，季桓子受之，郊又不致膰俎於大夫，孔子行。適衛，主於子路妻兄顏濁鄒家。適陳過匡，匡人以為陽虎而困之。既解，還衛，主蘧伯玉家，見南子。去適宋，司馬桓魋欲殺之。又去適陳，主司城貞子家，居三歲

而反于衛，靈公不能用。晉趙氏家臣佛肸以中牟畔，召孔子，欲往，亦不果。將西見趙簡子，至河而反，又主蘧伯玉家。靈公問陳，不對而行，復如陳。季桓子卒，遺言謂康子必召孔子，其臣止之，康子乃召冉求。孔子如蔡，及葉。楚昭王將以書社地封孔子，令尹子西不可，乃止。又反乎衛，時靈公已卒，衛君輒欲得孔子為政。冉求為季氏將，與齊戰有功，康子乃召孔子。孔子歸魯，時哀公十一年丁巳，孔子年六十八矣。然魯終不能用孔子，孔子亦不求仕。乃叙《書》、傳《禮記》、刪《詩》、正《樂》、序《易》、彖繫象、說卦文，言弟子蓋三千焉，身通六藝者七十二人。十四年庚甲，魯西狩獲麟，孔子作"春秋絕筆"於此。明年辛酉，子路死於衛。十六年壬戌，四月己丑，孔子卒，年七十三，葬魯城北泗上。弟子皆服心喪三年而去，惟子貢廬於冢上，凡六年。孔子生鯉，字伯魚，先卒。伯魚生伋，字子思，作《中庸》。

何氏曰："魯《論語》二十篇，齊《論語》，別有《問王》《知道》，凡二十二篇，其二十篇中，章句頗多於魯論。古《論語》出孔氏壁中，分《堯曰》下章《子張問》為一篇，有兩《子張》篇凡二十一篇，篇次不與齊、魯論同。"漢時有三種《論語》，古論出孔壁，齊論乃齊人所傳，魯論乃魯人所傳，即今《論語》二十篇也程子曰："《論語》之書，成於有子、曾子之門人，故其書獨二子以子稱。"

論語篇目：

學而第一 此為書之首篇，故所記多務本之意。乃入道之門，積德之基，學者之先務也。凡十六章

為政第二 凡二十四章

八佾第三 凡二十六章，通前篇末二章皆論禮樂之事

里仁第四 凡二十六章

公冶長第五 此篇皆論古今人物賢否、得失，蓋格物窮理之一端也。凡二十七章

雍也第六 _{凡十八章，篇內第十四章以前，大意與前篇同}

述而第七 _{此篇多記聖人謙己誨人之辭，及其容貌行事之實。凡三十七章}

泰伯第八 _{凡二十一章}

子罕第九 _{凡三十章}

鄉黨第十 _{凡一章，分為十七節。此篇多記聖人之容、色、言、動，蓋盛德之至，動容周於之中乎。禮非拘拘而為之也}

先進第十一 _{此篇多評弟子賢否，凡二十五章。胡氏疑為閔子門人所記}

顏淵第十二 _{凡二十四章}

子路第十三 _{凡三十章}

憲問第十四 _{凡四十七章，胡氏疑為原憲所記}

衛靈公第十五 _{凡四十一章}

季氏第十六 _{凡十四章}

陽貨第十七 _{凡二十六章，按陽貨即楊虎}

微子第十八 _{此篇多記聖賢之出處，凡十一章}

子張第十九 _{此篇皆記弟子之言。而子夏為多，子貢次之。蓋孔門自顏子以下，穎悟莫若子貢。自曾子以下，篤實莫若子夏。故特記之詳焉。凡二十五章}

堯曰第二十 _{凡三章}

孟子

《史記·列傳》曰：孟軻，^{字子}^輿騶人也^{亦作}^鄒，受業子思之門人。道既通，游事齊宣王，宣王不能用。適梁，梁惠王不果所言，則見以為迂遠而闊於事情。當是之時，秦用商鞅，楚魏用吳起，齊用孫子、田忌，天下方務於合從❶連橫，以攻伐為賢。而孟軻乃述唐虞三代之德，是以所如者不合。退而與弟子公孫丑、萬章之徒序《詩》《書》，述仲尼之意，作《孟子》七篇。

程子曰："孟子有大功於世，以其言性善也。" ^{《孟子》不與諸子書}^{同，獨列於經者以此}

楊氏曰："孟子一書，只是要正人心，教人存心養性，收其放心。至論仁、義、禮、智，則以惻隱、羞惡、辭讓、是非之心為之端。論邪說之害，則曰：'生於其心，害於其政。'論事君則曰：'格君心之非，一正君而國定。'千變萬化，只說從心上來。人能正心，則事無足為者矣。《大學》之修身、齊家、治國、平天下，其本只是正心誠意而己，心得其正，然後知性之善。故孟子遇人便道性善。" ^{秦漢之時，孟子與荀子並稱，荀子言性惡，故}^{唐以後獨推尊孟子，以言性善實有功於聖道也}

《孟子》篇目：

梁惠王上^凡_{七章}

梁惠王下^{凡十}_{六章}

---

❶ 今為"合纵"。——編者註

公孫丑上^{凡九章}

公孫丑下^{凡十四章，自第二章以下記《孟子》出處，行實為詳}

滕文公上^{凡五章}

滕文公下^{凡十章}

離婁上^{凡二十八章}

離婁下^{凡三十三章}

萬章上^{凡九章}

萬章下^{凡九章}

告子上^{凡二十章}

告子下^{凡十六章}

盡心上^{凡四十六章}

盡心下^{凡三十八章}

　　余家訓教子弟，向以經學為主，史學為輔。自學校之制興，兒童達入學年齡，均入校讀書。然家塾中於補習各種科學外，四書^{《大學》《中庸》《論語》《孟子》，自南宋以後稱為四書}則為必讀之書。計自八歲至十四歲，每日必讀是書，反復詳解，使之熟讀默識，一字一句，不容遺忘。十五歲後，則於學校假期擇四書中最切於身心，而為人生所必需之章節切實解說，旁引曲證，務使了解透澈，心體力行。及長游學所至，亦必以此書自隨。蓋以此書為立德之基礎，終身之圭臬也。本編於其他經書，均略述概要以便初學。獨於四書，則只錄篇目，不加說明。並非有意疏略，誠以人之所以為人之道，胥在是書，學者不可淺嘗輒止，必取原書，熟讀而詳繹之，一字一句，不可輕易放過，則聖賢道統，萬古常新。裨益於世道人心者，豈淺鮮哉！

爾雅

　　《爾雅》一書凡十九篇。爾者，近也。雅者，正也，言可就正也。作於中古，盛於漢代。為小學訓詁之總匯。解釋六經之秘鑰，辨識古文之途徑。雖作者姓氏，不得而知，然經歷代大儒之注釋，淹博詳明，燦然大備，故晉郭璞云“《爾雅》者，所以通詁訓之指歸，叙詩人之興詠，總絕代之離詞，辯同實而殊號”，誠九流^{九流卽}^{十　子}^{去小}_{說家}之津涉，六藝^{禮、樂、射、御、書、數向稱六}_{藝，又稱六經為六藝，故有二說}之鈐鍵，學覽者之譚奧。摘翰者之華苑也，可見古人講小學^{東漢許慎撰《說文解字》一書，詳言六書之義，為}_{小學之宗師，與《爾雅》相輔面行，言文字學者}^{之嚆}_{失也}，必以《爾雅》為始基。是以循序漸進，融會貫通，始可以云讀書也。^{經典釋文云《釋詁》一篇，蓋周公所作。釋言以下，或仲尼所增，子}_{夏所足，叔孫通所補。張揖論之詳矣。或謂孔子門人所作，皆無可考}

釋詁第一

　　《說文》云：“詁，故言也。”張揖《雜字》云：“詁者，古今之異語也。”

釋言第二

《詩傳》云："直言曰言。"《書傳》云："言，辭章也。"東
方朔云："誦詩九萬言，謂一字為一言也。"此《釋言》篇者，釋
古今之訓義。

釋訓第三

張揖《雜字》云："訓者，謂字有意義也。"
《釋詁》以下三篇，皆釋古今之語，方俗之言，意義不同，故立
號亦異。至於訓釋墳典，其實一焉。

釋親第四

《說文》云："親，至也。"《蒼頡》篇云："親，愛也，近
也。"《尚書》云："以親九族，親者通謂五服九族之親也。"

釋宮第五

《世本》云："禹作宮室。"《傳》曰："室猶宮也。"此文云

宮謂之室，室謂之宮。郭云："皆所以通古今之語，名同實而兩名。"

古者貧賤同稱宮，秦漢以來，唯王者所居稱宮焉。

釋器第六

《說文》云："器，皿也，飲食之器。從犬從㗊，聲也。㗊莊立反，衆口也。"

釋樂第七

《說文》云："總五聲[宮，商，角，徵，羽謂之五聲]八音[金，石，絲，竹，匏，土，革，木謂之八音]之名，象鼓鼙之形，本其虡也。周禮有大司樂，職掌六代之樂。"

釋天第八

《說文》云："天，巓也，至高無上，從一大。"

本篇分四時、祥、災、歲陽、歲名、月陽、月名、風雨、星名、祭名、講武、旌旗等節目，凡關於天時者皆載焉。

釋地第九

《釋名》云："地，底也。其體在底下，載萬物也。"

本篇分九州，十藪_{《說文》云大澤也}，八陵_{大阜曰陵}，九府_{藏也}，五方，野，四極等節目。

釋丘五第十

《廣雅》云："小陵曰丘。"

本篇分丘，厓岸二節。

釋山第十一

《廣雅》云："土高有石曰山。山，產也，能產萬物也。"

釋水第十二

《白虎通》云："水，準也。言水之平均，而可準法也。"

釋草第十三

草亦作艸。《說文》云："百卉也，從二中，象木初生。"

釋木第十四

《說文》云："木，冒也，冒地而生也。"《白虎通》云："木之言踊也，陽氣踊躍。"

釋蟲第十五

《說文》云："虫一名蝮，象其形，物之微細，或行或飛、或毛或蠃、或介或鱗，以蟲為象。"

蟲，三虫也。今人以虫為蟲，相承假借用耳。

釋魚第十六

《說文》云："魚，水虫也。"

釋鳥第十七

《說文》云："鳥者，羽衆禽總名也。"

釋獸第十八

《說文》云："獸，守備也。一曰兩足曰禽，四足曰獸。"
本篇分寓屬，鼠屬，齸屬，須屬等節目。

釋畜第十九

畜本又作嘼。《說文》云：獸，嘼也，經典並作畜字。
《釋獸》《釋畜》二篇，俱釋獸而異其名者。畜是畜養之名，獸
是毛虫總號。故《釋畜》唯論馬、牛、羊、雞、犬，《釋獸》通說百
獸之名。本篇分馬屬，牛屬，羊屬，狗屬，雞屬，六畜等節目。

附錄十三經注疏書目

《周易正義》十卷^{魏王弼、晉韓康伯注，唐孔穎達正義}

《尚書正義》二十卷^{舊題漢《孔安國傳》，唐孔穎達正義}

《毛詩正義》七十卷^{漢毛亨傳，鄭玄箋，唐孔穎達正義}

《周禮注疏》四十二卷^{漢鄭玄注，唐賈公彥疏}

《儀禮注疏》五十卷^{漢鄭玄注，唐賈公彥疏}

《禮記正義》六十三卷^{漢鄭玄注，唐孔穎達正義}

《春秋左傳正義》六十卷^{晉杜預集解，唐孔穎達正義}

《春秋公羊傳注疏》二十八卷^{漢何休解詁，唐徐彥疏}

《春秋穀梁傳注疏》二十卷^{晉范甯集解，唐楊士勛疏}

《孝經注疏》九券❶^{唐玄宗御注，宋邢昺疏}

《論語注疏》二十卷^{魏何晏等集解，宋邢昺疏}

《孟子注疏》十四卷^{漢趙岐注，宋孫奭疏}

《爾雅注疏》十卷^{晉郭璞注，宋邢昺疏}

以上十三經正經、正注。

---

❶ "券"當為"卷"。——編者註

史部

史部約分十五類。首曰正史，大綱也；次曰編年，曰紀事本末，曰別史，曰雜史，曰詔令奏議，曰傳記，曰史鈔，曰載記，皆參考記傳者也；曰時令，曰地理，曰職官，曰政書，曰目錄，皆參考諸志者也；曰史評，參考論贊者也。舊有譜牒一門，自唐以後，譜學已絕，玉牒既不頒於外家乘，亦不上於官，故譜牒一類，後無存焉。茲編僅敘正史，以明綱領，餘則略說而已。

史官之設，始於黃帝，^{倉頡為左史，沮誦為右史，始造文字}唐虞之世，左史記言，右史記事，由來久矣。《尚書》即左史之言，《春秋》即右史之事。聖人垂法萬世，《尚書》《春秋》，實為後來史家之權輿。^{古者經與史本無分別}其後史分三體，曰正史，^{歷代脩訂之國史，二十四史屬之紀傳體也}曰編年史，^{以年月紀事，司馬光《資治通鑑》及朱子《通鑑綱目》等屬之編年體也}曰紀事本末。^{每記一事為一篇，自始至終，次第詳叙，清高士奇《左傳紀事本末》、宋袁樞《通鑑紀事本末》、明陳邦瞻《宋史紀事本末》《元史紀事本末》、清谷應泰《明史紀事本末》、清楊陸榮《三藩紀事本末》、魏淵《聖武記》馬驌《繹史》等屬之}紀傳之體，始於司馬遷之《史記》。編年之體，始於 左丘明之《春秋左傳》，是為歷史二大類別。而紀事本末一體，則始於宋之袁樞，亦史家之正規也。

漢司馬遷作《史記》，創本紀、年表、八書、世家、列傳等例，實為歷代史法之祖。班固《前漢書》，詳整有慶度。范曄《後漢書》，詞章溫潤，雖大璞微散，猶粲然可觀。陳壽《三國志》，雖遜前賢，世猶稱為良史。此即所謂前四史也。^{治史學必從前斯史}然《漢書》繁於《史記》，《唐書》倍於漢，宋又倍於唐。自宋以後，脩史者率多記錄當時之名迹，與夫一代文物，卷帙紛繁，浩如烟海，一部二十四史，遂蔚為大觀矣。

史記

漢司馬遷，字子長，龍門人。父談為太史官，嘗謂遷曰："漢興海內一統，明主聖君，忠臣義士，予為太史，而不論載，廢天下之文，予甚懼焉。爾其念哉！"談卒三年，而遷為太史令，續父談書，創為義例，撰《史記》。起黃帝，迄漢武帝。為十二本紀以序帝王，十年表以繫時事，八書以詳制度，三十世家以叙侯國，七十列傳以志人物。此例一定，歷代作史者，遂不能出其範圍，誠史家之極則也。遷草就以遭李陵禍，死後遺失。景、武紀，禮、樂、律書，《三王世家》，《漢興以來將相年表》，日者、龜策傳，靳蒯列傳等十篇，至元成間，褚少孫補之，又益以武帝後事，凡一百三十卷。然其書之宣布於世，實在宣帝時也。褚補不止十篇，此舉其全篇補入者而言。褚為沛人，受《詩》於王式

本紀

古有《禹本紀》《尚書世紀》等書，遷用其體，以叙述帝王。惟項羽作紀，頗失當，故《漢書》改為列傳。《三國志》亦但有魏紀，而吳、蜀二主，皆不立紀，以魏為正統故也。《後漢書》又立《皇后紀》，蓋仿史、漢《呂后紀》之例，不知史遷以政由后出，故《高帝

紀》後即立《后紀》。至班固則立《孝惠紀》，孝惠崩，始立《后紀》，其體例已截然。以少帝既廢，所立者非劉氏子，故不得以偽主紀年，而歸之於后也。若東漢則各有《帝紀》，即女后臨朝，而用人行政，已皆編在《帝紀》內，何必又立《后紀》？《新唐書》武后已改唐為周，故朝政則編入《后紀》，宮圍瑣屑事乃立《后傳》，較有斟酌。《宋史·度宗本紀》後，附瀛國公及二王，不曰帝而曰瀛國公、曰二王，固以正其不成為君，而於紀後，則以其正統緒餘，已登極建號，不得而沒其實也。至《南唐書》及《十國春秋》，凡僭號者，亦皆作紀，則太濫矣。《金史》於《太祖本紀》之前，先立“世紀”，以敘其先世，此又仿《尚書世紀》之名，最為典切。

世家

《史記·衛世家》贊“余讀世家”言云云，是古來本有世家一體，遷用之以紀王侯諸國，《漢書》乃盡改為列傳。傳者，傳一人之生平也。王侯開國，子孫世襲，故稱世家。今改作傳，而其子孫嗣爵者，又不能不附其後，究非體矣。然自《漢書》定例後，歷代因之。《晋書》於僭偽諸國，數代相傳者，不曰“世家”，而曰“載記”。蓋以劉、石、苻、姚諸君，有稱大號者，不得以侯國例之也。歐陽脩《五代史》，則於吳、南唐、前蜀、後蜀、南漢、北漢、楚、吳越、閩、南平皆稱世家。《宋史》因之，亦作《十國世家》，《遼史》於高麗、西夏則又變其名曰《外記》。

表

《史記》作十表，仿於周之譜牒，與記傳相為出入。凡列侯、將相、三公、九卿功名表著者，既為列傳，此外大臣無功無過者，傳之不勝傳，而又不容盡沒，則於表載之，作史體裁，莫大於是。故《漢書》因之，又增《百官公卿表》，最為明晰。惟另有《古今人表》，殊失定評，則贅設矣。《後漢》《三國》《宋》《齊》《梁》《陳》《魏》《齊》《周》《隋》及《南北史》皆無表，《新唐書》《宰相》《方鎮》《宗室世系》三表，薛《五代史》無表。歐《五代史》亦無表、但有《十國世家年譜》，《宋史》有《宰相》《宗室》二表，《遼史》立表最多，《金史》二表，《元史》六表，《明史》表十三篇，最為詳贍。

書志

八書乃史遷所創，以紀朝章國典。《漢書》因之作十志，又增《刑法》《五行》《地理》《藝文》四志。《後漢書》又增《禮儀》《祭祀》《百官》《輿服》四志《三國》無志。《晋》《宋》《齊書》大概與前書同，惟《宋書》增《符瑞志》。《齊書》亦有《祥瑞志》。《梁》《陳》及《南史》無志。《魏書》雖改《天文》為《天象》，然皆大意相同，而增《官氏》《釋老》二志。《齊》《周》及《北史》皆無志。《隋書》本亦無志，今志乃合《梁》《陳》《齊》《周》《隋》並撰者，其《藝文》則改為《經籍》。《新唐書》增《儀衛》《選舉》《兵制》三志。薛《五代史》類有減無增。歐《五代史》另立《司天》《職方》二考，亦即《天文》《地理》之變名也。《宋史》諸志與前史名目多同。《遼史》增《營衛》《部族》《捺鉢》《兵衛》諸志，其國俗然也。《金》《元》二史志目與《宋史》同，惟少《藝文》耳。《明史》志目與《宋史》同，其《藝文志》內專載明人著述，而前代書流傳者不載。

列傳

古者凡記事立論及解經者，皆謂之傳，非專記一人事蹟也。其專記一人為一傳者，則自遷始。又於傳之中分公卿將相為列傳，其《儒林》《循吏》《酷》❶《刺客》《游俠》《佞幸》《滑稽》《日者》《龜策》《貨殖》等，又別立名目，以類相從。《漢書》少《刺客》《滑稽》《日者》《龜策》四傳，而增《西域傳》。《後漢書》又增《宦者》《文苑》《獨行》《方術》《逸民》《列女》等傳。《晉書》則將《逆臣》附於卷末。《宋書》降敵國者亦附卷末。《梁書·逆臣》亦附卷末，《陳書》及《南史》亦同，惟侯景等另立《賊臣》名目。《北史》增《僭偽》一欵。《舊唐書》諸傳名目與前史同，安祿山亦附卷末，不另立"逆臣"名目。《新唐書》增公主《藩鎮》《姦臣》三欵，又分《叛臣》《逆臣》為二，亦附卷末。五代時事多變局，故傳名多另創。《宋史》增《道學》一款，及《周三臣傳》。《遼》《金》

---

❶ 疑為《酷吏》。——編者註

《元》各史，另有《國語解》，餘與前史同。《明史》則增《俺❶黨》《流賊》《土司》等傳。蓋作史者各就一朝所有人物傳之，無其人不妨缺，有其事不妨增，固不必盡拘遷史舊名也。

史記全目

本紀十二

五帝 黃帝，顓頊，帝嚳，帝堯，帝舜。按《史記》以黃帝、顓頊、帝嚳、堯舜、為五帝，《綱鑑》則以伏羲、神農、黃帝、堯、舜為五帝

夏 自禹王至桀凡十七王，四百五十八年

殷 自商湯至紂凡二十八王，六百四十四年

周 自武王至東周君凡三十七王，八百七十三年

秦 自始皇至子嬰凡二世，四十年

秦始皇 名政，六國，廢東周君而有天下，自以為德兼三皇，功過五帝，故自稱皇帝。廢封建。置郡縣。焚詩書、除謚法，自稱曰朕。治尚嚴刻，二世而已

項羽 名籍字羽世為將封於項，故以為姓。羽善戰，以三戶亡秦，與漢高爭衡，以用不范增言，後敗死垓下，按羽自立為西楚霸王，不應列於世紀，故《漢書》改為列傳。三戶，津名，羽渡三戶破秦也

漢高祖 劉邦字季，初為泗上亭長。滅秦入關，與民約法三章以定天下。然誅戮功臣，輕上慢罵。蓋有權智無學術，非純治之主也

呂后 高帝后，帝崩，后傅政，分王諸呂，幾危漢室

文帝 治尚黃老寬仁恭儉，求直言、除租稅、止輦、受諫，不務遠略，令德之主也

景帝 刻薄任教，用晁錯以激七國，用郅都以畏臣下。文景雖並稱，然景帝固慘刻之君也

武帝 即位之初，首得一代大儒董仲舒以為治。又黜申韓蘇張之說以安人心，用歲衛青、去病以成武功。雄一大略，南建殊崖、西通西域、北服匈奴，誠為英主。惜其晚用霍方士，好神仙耳

---

❶ 當為"閹"。——編者註

表十

三代世表　　紀黃帝迄周之口和，計三十世

十二諸侯年表　　魯、晉、魏、齊、楚、宋、衞、蔡、曹、鄭、燕、陳十二國，不列吳者，尊中國也。起周宣王元年，迄周敬王四十三年，共四百四十四年

六國年表　　魏，韓，趙，楚，燕，齊

秦楚之際月表　　魏、楚、項、趙、齊、漢、燕、韓參錯變易，不可以年紀，故以月紀也

漢興以來諸侯年表　　高祖子弟同姓為王者九國，獨長沙異姓。功臣候者百餘人，此表自高帝至太初

高帝功臣侯年表　　漢興功臣受封者百餘人，至太初百年之間，見侯五，餘皆坐法亡國

惠景間侯年表　　自惠帝至景帝五十年間，追脩高祖時遺功臣及從代來吳楚之勞，諸侯子弟封者九十有餘

建元以來侯年表　　武帝征伐，大封功臣

建元以來王子侯年表　　詔諸侯王欲推私恩，分子弟邑者，令各條上定其名號。此非推恩之意，乃削弱諸侯之計也

漢興以來將相名臣年表　　關淮陰、布、越，皆以慘死，蕭何下獄，申屠嘉嘔血，周並夫論死。武帝之世，丞相多自殺，將帥多坐法失侯。此年表序餓之所以闕也

書八

禮書　　闕，褚先生取《荀子》補

樂書　　闕，褚先生取《樂記》補

律書　　闕，褚先生補《律書》，即《兵書》。遷自序云：非兵不強，非德不昌，司馬法所從來尚矣，故作《律書》，云云。是《律書》即《兵書》，惜褚補只言律呂耳

歷書　　闕，褚先生補，考定星歷，建正授時之書也

天官書　　言天文之書也

封禪書　　祭於泰山上曰封，祭天也。祭於泰山下曰禪，祭地也。漢時最重此禮，故《史記》有《封禪書》。此書兼言祭祀，而以封禪名者，從其大也

河渠書　　言治水之書也

平準書　　大司農屬官有平準令丞，以均天下之輸斂。貴則糶之，賤則糴之，平賦以相準，輸於京師故曰平準

世家三十

吳太伯 太伯與弟仲雍皆周太王之子，讓國至荊蠻為吳君，傳至夫差，為越王勾踐所滅。按虞亦太伯後，與吳為兄弟之國

齊太公 本姓姜氏，其先封於呂，故曰呂尚，周時封於齊

魯周公 周公旦，姬姓，武王弟也，對於魯

燕召公 召公奭，與周同姓，武王時封於北燕

管蔡 管叔鮮、蔡叔度，皆周文王子

陳杞 陳胡公滿，帝舜之後。杞東婁公，禹之後也

衛康叔 名封，武王同母弟也

宋微子 殷紂之庶兄也，封於宋

晉 周成王封弟虞於唐，唐在河汾之東。至子燮為晉侯

楚 楚之先祖出自高陽。高陽，黃帝之孫也

越 越王勾踐，禹之後也

鄭 鄭桓公友，厲王少子也

趙 趙之先與秦共祖

魏 魏為畢公高之後，周同姓之國

韓 姬姓諸侯

田敬仲完 陳完者，陳厲公之子也

孔子 太史公曰："孔子布衣傳十餘世，學者宗之。自天子王侯，中國言六藝者折中於夫子，可謂至聖矣。"史遷列孔子於世家，所以尊聖人也

陳涉 陳勝字涉

外戚 呂太后等十人

楚元王 名交，高祖母弟，趙王遂附

荊王賈燕王 澤，諸劉疏附

曹相國 名參

蕭相國_{名何，與張良、韓信稱漢三傑}

陳丞相_{名平}

留侯_{張良}

齊悼惠王_{名肥，高祖長庶男}

絳侯_{周勃子，條侯亞夫}

梁孝王_{武文帝子}

五宗_{五人，同母者為宗，景帝子，十三王}

三王_{齊王閎、燕王旦、廣陵王胥，皆武帝子}

列傳七十_{凡列傳人物不經見者，皆刪去。又有因其人甚著，而並無列傳者，亦加入此類，以便記憶。讀者宜取原書核對自知，蓋此不過於列傳之下紀載一代之人物，不可認為即是原書列傳也。惟列傳下數目等字與原書無異，以存其眞}

伯夷_{名元，字信。公弟叔齊，名致，字公達，殷孤竹君之二子。武王滅殷，夷、齊恥食周粟，同隱於首陽山，採薇而食。孟子稱為聖之清者也}

管仲_{相齊桓公，九合諸侯以尊王室}

晏嬰_{事齊靈公，莊公，景公}

老子_{李耳，字伯陽，諡曰聃，為周柱下史，主守藏室之吏也。與孔子同時，為道家之祖}

莊子_{莊周，蒙人。與老子同為道家之祖，與梁惠王同時}

申不害_{戰國時京人，初為鄭之賤臣，後相韓昭侯。主刑名學，孟子與告子論性善，告子即申不害}

韓非_{韓之諸公子，與李斯同事荀卿。主刑名學，後為李斯所讒，仰藥死於秦}

司馬穰苴_{田完之裔，齊景公時為大司馬，捍燕晉之師}

孫子_{孫武，齊人，為吳闔盧將}

吳起_{衛人，事衛文侯、武侯，為西河守，後為楚相}

伍子胥_{名員，楚人，事吳王夫差}

仲尼弟子_{顏回諸賢八十一人}

商君_{名鞅，衛之庶公子。主刑名學，相秦封商君，孝公歿被殺}

蘇秦 戰國時洛陽人，縱橫家。合六國之縱以拒秦，蘇秦為合從之長，從約後為張儀所破

張儀 魏人，相秦惠王，從橫家，說六國連橫以事秦

樗里子 名疾，秦專王弟，居於樗里。滑稽多智，伐趙、楚有功

甘茂 相秦武王，攻拔韓宜陽，遂窺周室。茂之孫甘羅，十二歲為始皇上卿

白起 秦將，攻趙坑降卒四十萬。封武安君，後賜死

王剪 事始皇，殺項燕平荊

孟子 鄒人，受業於子思之門人

荀卿 趙人，主性惡

孟嘗君 田文，齊宣王庶弟，號孟嘗君。好客，雞鳴狗盜之流無不羅致

平原君 趙勝

信陵君 公子無忌，魏封信陵君

春申君 黃歇，楚相

樂毅 燕將

廉頗、藺相如 俱事趙惠王，嘗以事相惡，後頗負荊請罪，廉藺交讙，共謀國是，世多稱之

田單 齊將，嘗以火牛陣破樂毅軍，解臨淄之圍

魯仲連 齊人，與平原君同時，曾諫阻六國帝秦

鄒陽 臨淄人，景帝時仕吳，以文辯知名。吳王有邪謀，諫不聽

屈原 屈平，事楚懷王，以讒去，隨投汨羅江死

賈生 賈誼，洛陽人。李斯之學傳於吳公，吳公傅賈誼，文帝時為長沙王太傅

呂不韋 秦商人，嘗姬有娠，再獻於莊襄王，生子政，即始皇。後不韋與太后通，又薦人嫪毐通太后，事發不韋懼自殺。嘗令其客著書曰《呂氏春秋》

刺客 唐沫，專諸，豫讓，聶政等四人

李斯 相秦始皇，廢封建、定郡縣、下禁書令、廢籀文作小篆，後腰斬於咸陽

蒙恬 始皇將，嘗率兵三十萬北築長城，威震匈奴。史傳恬造筆

張耳、陳餘 張耳，前為趙。陳餘為趙之成安君，與耳有隙。耳歸漢，與韓信攻趙，背水為陣以誘趙師。餘盡出卒與戰，耳出其後，登城拔趙幟、易漢幟，殺陳餘，漢封耳為趙王

魏豹、彭越 項羽初封豹為魏王，後降漢，又叛被殺。越初事項羽，後歸漢，封梁王，以謀反夷三族

淮陰侯 韓信，淮陰人。在漢功最高，後被殺於鐘室

黥布 _{即英布，初事項羽，歸漢封淮南王。後}
_{以韓信等被殺，乃發兵拒命，卒被殺}

韓王信、盧綰 _{信為故韓襄王孫，歸漢封韓王。後見漢高誅功臣，降匈奴，嘗引冒頓}
_{困高帝於白登。綰與高帝同里，封燕王，亦以高帝誅功臣，降匈奴}

樊噲、酈商、滕嬰、灌嬰 _{舞陽侯樊噲，沛人，以屠狗為業。曲周侯酈商，高陽人。}
_{汝陰侯夏侯嬰，沛人。轉滕公潁陰侯灌嬰，睢陽販繪者。}

皆漢初
功　臣

張丞相 _{名蒼定}
_{章　程}

酈生、陸賈 _{食　　楚人，皆}
_{其　　有口辯}

傅寬、靳歙、蒯成侯 _{陽陵侯傅寬，信武侯靳歙，皆從高祖起山東，攻項籍。蒯成侯周}
_{緤沛人，操心堅正，身不見疑，以壽令終。功臣之倖免者，周}

緤數人
而　已

劉敬、叔孫通 _{婁敬勸高帝都關}
_{中，叔孫通定禮儀}

季布、欒布 _皆
_{功臣}

袁盎、鼂錯 _{袁盎，楚人，父為盜。錯習刑名學，文帝時錯請}
_{削諸王地，激七國反，盎錯素相惡，袁乃請殺錯}

張釋之、馮唐 _{釋之為廷尉，唐後為楚}
_{相，太史公稱其不偏不黨}

扁鵲 _{秦越人，醫者，}倉公 _{淳于意，}
_{與趙簡子同時}　　_{漢太倉長}

吳王濞 _{七國因削地反，}
_{吳王濞先發難}

李將軍 _{李廣，隴西人，漢名將，匈奴畏之，稱曰飛將軍，與匈奴七十餘戰皆捷，匈奴不敢入北}
_{平者數年。後因伐匈奴，與大將軍衛青不和，以失道被責問，乃自到死。一軍皆哭，}

百姓皆
垂　涕

衛將軍 _{名青，}驃騎將軍 _{霍去病，皆漢之名}
　　　　_{平陽人}　　　　　　_{將，擊匈奴有功}

司馬相如

循吏 _{孫叔}
_{敖等}

汲黯、鄭當時

儒林 _{申公培、轅固生、韓生嬰、伏生勝、高堂生、田何、董仲舒、胡母生，太史公傳儒}
_{林，推重孔子為萬古儒林祖，儒術由此一盛。而伏生傳經於秦火之後，厥功亦偉}

酷吏 _{張湯等}
_{十一人}

游俠 _郭
_{解等}

佞幸 _鄧
_{通等}

滑稽 _{淳于髡}
_{優孟子}

日者 ^{司馬}
^{季主}

龜筴

貨殖 ^范
^{蠡等}

司馬談 司馬遷之父，嘗論諸子，謂陰陽家長於序四時之大順，儒家長於君臣父子之體，墨家長於強本節用，法家長於正君臣上下之分，名家長於循名責實，道家使人精神專一、動合無形、贍足萬物。
是謂六家要恉

三皇五帝揭要

始制干支

天皇氏始制干支，以定歲。干有十，甲、乙、丙、丁、戊、巳、庚、辛、壬、癸也。支有十二，子、丑、寅、卯、辰、巳、午、未、申、酉、戌❶、亥也。

結繩之政

燧人氏始作結繩之政，以上古無文字，大事則大結其繩，小事則小結其繩也。

六書之制

伏羲氏始造書契，刻木畫字，以代結繩。書制有六：一曰象形，二曰假借，三曰指事，四曰會意，五曰轉註，六曰諧聲。

---

❶ 當為"戌"。——編者註

始畫八卦

伏羲氏始畫八卦，以奇畫象陽，耦畫象陰，此易之始也。

始作方書

神農氏味草木之滋，作方書以療民疾，是為本草之始。

征滅蚩尤

黃帝軒轅氏作指南車，與蚩尤戰於涿鹿，戮之於絕轡之野。

始作盖天

黃帝命容成作盖天以象周天之形，盖天卽渾天儀也。

始造律呂

黃帝命伶倫造六律、六呂以立宮、商、角、徵、羽之聲，以正五音。

衣裳之制

黃帝始作冕、旒、衣、裳以別貴賤。

洪水之治

禹受舜命治水十三年，九州攸同，水害皆息。

牧野陳師

周武王伐紂，會諸侯於孟津，陳師於牧野，紂亡於甲子。

周秦揭要

刑措之世

周成康之世，刑措四十餘年不用。民不犯法，無所用刑也。

共和之政

周幽王無道，民畔王奔於彘，太子尚幼，周公、召公乃相與協和，共理國事，故稱共和。

東周之遷

平王以戎患，東遷於洛，周德始痕，諸侯爭長，遂成春秋、戰國之勢。

五伯

春秋之世五強國，齊桓公、晋文公、秦穆公、宋襄公、楚莊王是也。

七雄

降而至於戰國之世，秦、楚、燕、齊、韓、趙、魏七國並強，號稱七雄。

魯之三桓

春秋之世，魯大夫孟孫、叔孫、季孫，皆桓公所出，故稱三桓。昭公欲去之，卒被逐，三家益強橫。孔子墮三都以削其兵，未幾孔子去魯，未竟其功也。

三家分晉

春秋之世，晉有六卿，范氏、中行氏、智氏及韓、趙、魏。後韓、趙、魏皆強盛，乃三分晉地，請命於周，均為諸侯，而晉亡矣。

合從運橫

戰國時蘇秦以合從之策說六國，使之合力以擯秦。張儀以連橫之策說六國，使之連袂以事秦。

始皇改制

秦滅六國，遷東周君於陽人聚，周遂不祀。始皇自以為德兼三皇，功蓋五帝，乃更號曰皇帝，命為制，令為詔，自稱曰朕，除謚法。自為始皇帝，後世以計數，二世三世至於萬世，傳之無窮。又廢封建，置郡縣，焚書坑儒，二世而亡。

前漢書

司馬遷作《史記》，百餘年後，乃有班固之《前漢書》。按班字孟堅，扶風人，父彪。接遷書太初以後，繼採遺事，傍貫異聞，作後傳數十篇，未竟而卒。固欲成父業，會有人告固私改國史者，固因下獄。明帝閱其書而善之，使固終成之。《前漢書》起高祖，終孝平王莽之誅，凡十二世，二百三十年，為表、紀、志、傳凡百篇，積二十餘年始成。固卒，其《天文志》及“八表”尚未就，和帝又詔其妹班昭踵成之，凡一百卷。_{前漢又稱西漢}

《前漢書》武帝以前紀、傳、表多用《史記》文，班所撰僅昭、宣、元、成、哀、平、王莽七朝君臣事蹟。

遷史多載古人，漢書則只記漢代。遷《史記》載只敘事蹟，故記三千年事，只五十餘萬言。班固《漢書》，則多收經術幹濟之策，如賈山《至言》、賈誼《治安策》、公孫宏《賢良策》等，皆有用之文，《漢書》皆全錄之。故敘二百年事，竟至八十餘萬言也。

157

前漢書全目

帝紀十二 劉姓，堯之後。都長安，是為西漢。滅秦，五年始平楚，為一統。起高帝至孺子嬰，凡十三君，合王莽、淮陽王十六年，共二百三十三年

高祖　惠帝　高后　文帝　景帝　武帝 以上各帝事略見前

昭帝 大將軍霍光受托孤之命，立昭帝，輕徭減賦，與民休息，帝年十四卽能辨光之無罪，使天假之年，周成王不是過矣。帝崩，光奉太后命立昌邑王，王不道，尋廢

宣帝 帝起閭閻，稔知民瘼，總核名實，信賞必罰，惜用恭、顯等而殺趙。蓋韓、楊治甘雜霸，又開宦官干政之端，良可悲矣

元帝 元帝柔懦，恭顯亂政，漢業衰矣

成帝 成帝之立，外戚擅權，王氏。五侯同日受封，趙氏飛燕寵冠後宮，危哉！

哀帝 帝寵五侯，寵董賢，以暴易暴，不足稱也

平帝 王莽立平帝，政由王氏，篡奪之勢已成。帝後為王莽所弒，立孺子嬰，方二歲，尋廢，西漢終

表八 從略

志十 從略

列傳七十 摘錄

陳勝、項籍 《史記》列項羽於世紀，殊失當。此與勝並列於列傳，可謂得體

張良、韓信、陳平

蕭何、曹參 高帝相，民歌之曰：「蕭何為政，觀若畫一。曹參代之，守而勿失。」載其清淨，民以寧一，故世稱蕭規曹隨

王陵、周勃 陵戇直，常諫阻呂后立諸呂為王。勃為太尉，曾與陳平誅諸呂，定漢室。勃子亞夫，文帝時將兵屯細柳，備匈奴，有名將風

樊噲、酈商、夏侯嬰、灌嬰、傅寬、靳歙、周緤

張蒼、周昌、趙堯、任敖、申屠嘉

酈食其、陸賈、朱建、婁敬、叔孫通

東方朔 厭次人，字曼倩，善詼諧滑稽。武帝時為侍中，長於諷諫，善文詞，著有《客難》一篇

賈誼 誼少年通諸子百家，河南守吳公薦於朝。文帝時誼請改正朔、易服色、定制度官名而興禮樂，帝謙讓未遑然。諸律令所要定及列侯悉就國，其說實自誼發之，其《治安三策》尤痛切財政。後以多事紛更，為大臣所忌，出為長沙王太傅，遷梁王太傅而卒。史又稱賈生。

袁盎、鼂錯

張釋之、馮唐、汲黯、鄭當時

賈山、鄒陽、枚乘 子皋 路溫叔 文帝時，山上書言治亂之道，名曰《至言》。其後帝除鑄錢令，山又上書諫阻，上從之，復禁鑄錢

李廣 孫陵 蘇建 建子蘇武於武帝時使匈奴，為匈奴所遮，不得還凡十九年，卒不辱命而還。甘露三年，上圖功臣於麒麟閣，凡十一人，首霍光，武亦與焉

衛青、霍去病

董仲舒 仲舒學恂純粹，為漢代大儒。武帝時應試賢良，有《天人三策》，正誼明道之言，超越諸子兩相驕王。終以禮義自持，講學時三年不窺園。兩漢文學之興自此始

司馬相如 武帝時召為郎，通西南夷有功，長於辭賦，有《子虛》《上林》《大人》等賦，世多誦之

公孫弘、卜式、兒寬

張湯 子安世，安世子延壽

張騫、李廣利 騫通西域有功。廣利與衛青、霍去病為武帝時三名將，廣利伐大宛有功，封海西侯

司馬遷、班固、班昭、劉向 司馬遷撰《史記》，班固、班昭撰《前漢書》，劉向，字子政，撰《列女傳》《說苑》《新序》，與東漢荀悅皆為著名之史家

劉歆 劉向子，嗣父之業檢校秘書，總括羣編，撮其要旨，著為《七略》。一集略，二六藝略，三諸子略，四詩賦略，五兵書略，六術數略，七方技略

上官桀、霍光、金日磾 武帝病篤，霍光受遺命輔少主。光曰：「臣不如金日磾，」於是金為光副。蓋曰磾雖外國人，而忠孝性成。桀與光、日磾同受遺詔，輔幼主，後桀與燕王旦謀反伏誅

趙充國、辛慶忌 充國於武帝時上《屯田便宜十二事》，以破羌與霍光等齊名

傅介子、常惠、鄭吉、甘延壽、陳湯、段會宗

舒廣、舒受

王吉、貢禹、龔勝、龔舍、鮑宣

魏相、丙吉　霍光卒，魏相上封事，請顯明功臣，勿空大位，以塞爭端。與丙吉同心輔政，丙吉為相，出逢牛喘，使人問逐牛行幾里。蓋以時當春耕，丞相當憂民時也

趙廣、漢尹、翁歸、韓延壽、張敞、王尊、王章、蓋寬饒

蕭望之　宣帝時，官太子太傅。元帝時，請罷中書宦官，為宦者弘恭、石顯等所嫉，飲藥死

馮奉世　宣帝時使西域，會莎車王叛，奉世以為不急平之必難制。乃持節發諸國兵擊之，莎車王自殺，卒定西域。蕭望之以為矯制發兵，雖有功，不可為後世法，竟不得封侯。奉世與

傅介子齊名

匡衡、張禹、孔光、馬宮　衡善說詩，元帝時為相，畏石顯等，不敢失其意，士論少之

龔勝　王莽篡漢，遣使奉璽書印綬迎勝為太子師友、祭酒，勝不受。時病篤，不食，積十四日死

薛方、陳咸　王莽以安車迎方，方曰："堯舜在上，下有巢由。"卒不至。咸為尚書，旋乞歸

劉歆　後更名秀，與光武重名，為王莽國師，後自殺

楊雄　覽羣書，常慕屈原，文過相如，乃作《反離騷》以弔之。雄欲以文章成名於後，乃作《太玄法言》其卒章盛稱王莽功德可比伊尹、周公，君子病焉

儒林　京房，孔安國，王式，夏侯勝，毛公等

循吏　文翁，黃霸等

酷吏　田延年，嚴延年等

貨殖　子貢，白圭等

游俠　陳遵等

佞幸　石顯，董賢等

西域　大宛，月氏，烏孫，莎車，安息，龜玆，焉耆等

外戚　呂后等

元后　元帝后，王莽之始

王莽　弒平帝，廢孺子嬰，篡漢，國號新

後漢書

　　宋范曄，字蔚宗，順陽人，有文學。元嘉初以吏部郎左遷宣城太守，不得志，乃刪衆家著《後漢書》。_{後漢又稱東漢}

　　范書列傳所敘之人，有不拘時代，以類相從者。如張純漢初人，鄭康成漢末人，乃列於一傳，以其皆深於經學也。如此者甚多，蓋仿司馬遷《史記》之法，如老子與韓非同傳之類。

後漢書全目

帝紀 後漢都洛陽，是為東漢。起光武，至獻帝，凡十二君，一百九十六年

光武帝 名秀，字文叔，長沙定王之後。王莽篡漢，帝與兄縯起兵誅莽，及滅赤眉賊，乃卽帝位。才明勇略，克復舊物，重儒術，興學校，中興之令主也

明帝 帝建武永平之政，為東都之首稱。然鍾離意宋均之徒，常以察慧為言。夫豈弘人之度未優乎？

章帝 帝厭明帝苛切，每事務從寬厚。然寵任竇憲，以啟外戚用權之漸，此其所短也

和帝、殤帝 和帝之世，宦官、外戚迭為消長，漢家之禍自此始矣。殤帝生僅百餘日，卽位一年而崩，無可紀者

安帝 卽位數年，鄧太后臨朝親政。之後以閻后兄弟並為卿校，典禁兵，內寵益盛 **北鄉侯** 閻太后貪立年幼，與閻顯謀立之，尋薨

順帝、冲帝、質帝 順帝之初，天下想望風采。黃瓊、李固之徒相繼登用，東京之士於茲盛焉！然閹官弄權，梁氏專政，賢人君子不能救。漢祚之衰矣。冲、質兩帝，均一年而崩，無可紀也

桓帝 桓帝之世，梁冀雖除五侯肆虐，賢人君子忠憤激烈，卒成黨錮之禍。人之云亡邦國殄瘁悲夫！

靈帝 靈帝之世，曹節、王甫等宦官流毒禍國，忠臣義士駢首就戮。帝乃召外兵以除內難，於是虺蜴雖除，而虎狼入室矣

少帝 帝為董卓廢為弘農王

獻帝 帝生不辰，身播國屯，終漢四百，永作虞賓

志八^{從略}

列傳八十^{摘錄}

劉玄、劉盆子 玄為光武族兄，光武號玄，為更始將軍。諸將立玄為天子，後降赤眉，旋被殺。盆子亦宗室，赤眉立為上將軍，後降光武

隗囂、公孫述 囂據隴西，後降光武，又叛附公孫述。公孫述據巴蜀，後為光武平定之

鄧禹、寇恂 禹從光武入關，師行有紀，百姓歸之。天下既定，禹知帝不欲功臣擁兵，乃去甲兵，敦儒學，封高密侯，為雲臺二十八將之首。恂學行，為世重。光武時為潁川汝南守，教化大行，會從帝出征，百姓遮道曰："願復借寇君一年"，乃留之

吳漢、陳俊、蓋延、臧宮、耿弇、姚期、王霸、祭遵、馮異、岑彭、賈復、馬武

馬援 援平隴右、破交趾，功最高。後為梁松所譖，援常服薏苡仁以勝瘴，援死軍還，後載一車歸，松竟誣為明珠、文犀，天下冤之。世稱伏波將軍

卓茂、魯恭、魏霸、劉寬、伏湛、侯霸、宋弘、蔡茂、馮勤、趙喜、牟融、韋彪

張純、曹褒、鄭玄 玄，字學成，高密人，不仕。博通經學，著書百餘萬言，為漢代大儒。經康家稱鄭眾為先，鄭稱玄為後，鄭卒獻帝建安五年

班彪 子固著《前漢書》

第五倫、鍾離意、袁安、張酺、韓棱、周榮、郭躬、陳寵

班超 超先為官傭書，乃投筆從戎。後使西域，服鄯善、安疏勒、平西域，以功封定遠侯

楊震 明經博覽、學者稱為關西孔子。累世清廉，常拒人行賄曰："天知，地知，汝知，我知。"世稱"楊震四知。"

虞詡、傅燮、蓋勳、臧洪

馬融、蔡邕 馬融，桓帝時為太守，才高博治，設絳帳授徒數千人，為世大儒，鄭康成亦從授經。蔡邕於靈帝時奏定六經文字，立石太學門外以為天下讀經之準，後以

黨董卓
下　獄

陳寔、李固、陳蕃、王允

黨錮　《黨錮列傳》記漢末黨禁甚詳，蓋漢黨始於桓帝時。甘陵南北部黨，其初不過帝師。甘陵、周福及同郡房植二家賓客互相譏議，遂成部黨。然桓靈之間，主荒政謬，正人君子時發清議，以類相從，見惡權奸，遂激成鉤黨之禍。漢之黨禍凡兩次，其一始於桓帝時，李膺考殺張成之子，成遂誣告膺誹謗朝廷，膺等二百餘人均下獄，終身禁錮，此第一次黨禁也。其二靈帝時，張儉劾中常侍侯覽儉，鄉人朱并承覽旨誣告儉與岡鄉二十四人為部黨，宦官曹鄉等遂諷有司并捕前黨，李膺、范滂等百餘人皆死獄中，并捕太學生千餘人，此第二次黨禁也

竇武、何進、鄭太、孔融、荀彧、董卓　卓廢少帝、立獻帝，弒何太后。
司徒王允密誘卓將呂布刺殺之

劉虞、公孫瓚、陶謙、袁紹、劉表、劉焉、袁術、呂布

循吏　劉寵等

宦者　侯覽，曹節等

儒林　何休等

文苑　彌衡等

方術　華佗，費長房等

逸民　嚴光，梁鴻，韓康等

列女　曹娥等

兩漢揭要

諸呂之變

高帝崩，孝惠在位七年，政由太后呂氏。帝崩，又臨朝八年，是呂氏僭位十五年矣。陳平、周勃，身為大臣，阿意取容，不敢諫。呂祿、呂產既王，握南北軍，劉氏子孫，誅戮殆盡。幸太后老死，齊王兵起，朱虛奮勇，始得勃入軍門，捕誅諸呂，否則漢室危矣。

七國之叛

吳王濞，高祖兄仲之子也，文帝時已失藩臣禮不朝。景帝時，濞已年老，設使景帝效文帝寬仁，未必卽叛。乃晁錯說帝銳意削吳，遂招楚、趙諸齊同姓七國皆反。袁盎讒晁錯而殺之，乃快私仇，非為國也。故錯死而七國不罷兵，幸有周亞夫帥師出征，七國之兵，三月破滅。幸哉！景帝也。

經義斷事

漢初法制未備，高帝入關，約法三章，不能賅括事物。每有大事，朝臣得援經義以折衷是非。故張湯為廷尉，每決大獄，乃請博士弟子治《尚書》《春秋》者，補廷尉史，停疑奏讞。倪寬為廷尉掾，以古義決疑獄是也。

漢武武功

漢武擊匈奴、通西域、平兩越、擊朝鮮，徼外諸國無不懾漢聲威。武帝三大將，衛青、霍去病、李廣利等，皆一時名將也。

外戚之盛

漢自呂侯王諸呂，幾危劉氏。武帝朝竇嬰、田蚡相繼為丞相，衛后弟青為大司馬、大將軍，后姊之子霍去病為大司馬、驃騎將軍，去病之弟霍光遂以大司馬、大將軍輔政，自此大司馬兼將軍一官，遂永為外戚輔政之職。其後王鳳、王音、王根、王莽等，相繼輔政。而莽且弒平帝，躬行篡逆，而西漢終矣。東漢章帝時之竇憲、安帝時之閻顯、順帝時之梁冀，且以威權自姿，誤國殃民。而竇武、何進則皆以謀誅宦官被害，皆外戚輔政之變也。然西漢有王莽，東漢有梁冀，一則篡漢，一則殺身者，何也？蓋莽志大而惡深，冀志小而惡著也。他如兩漢外戚之賢者，若霍光、衛青、霍去病、馬援等，或為名相，或為名將，則又外戚之幸，光增史冊矣。

宦官亡漢

東漢宦官之盛，由誅外戚也。董卓之亂，由誅宦官也。和帝殺竇憲，而侯鄭眾。順帝殺閻顯而侯孫、程等十九人。桓帝殺梁冀，而侯唐、衡等五人。以世計之，自和帝至獻帝，代更九主，年近百載，皆宦官之時也。宦官盛則漢亂，宦官滅則漢亡。說者謂成瑨等不捕論宦官、親戚，則鈞黨不興。陳蕃、竇武不請太后誅常侍，則黨人不死。何進、袁紹不召外兵清君側，則董卓不得入京師行弒逆。然桓帝之世，有宦官、有名士，則天子為宦官而驅除名士。靈帝之世，有宦官無名士，則宦官不畏名士而專制天子。迨至北宮門之戮，宦官二千餘人，少長盡死，董卓乃乘機縱其不軌，是時無宦官亦無天子矣。漢烏能復存哉！

王莽篡漢

漢祚中衰，王莽廢孺子嬰，躬行篡逆，改國號曰新，西漢之局，於焉告終。莽始託周公輔成王，由漢公而宰衡、而居攝、而卽真，使能逆取順守，沛大澤以結人心，則天下雖未忘前朝，而亦且安於新政，未必更有發大難之端、起而相抗者。其改制也，則收天下名田曰王田，禁之不得買賣。一夫田過一井者，分與里族，敢有非議者，投四裔。又禁積五銖錢，犯者亦投四裔。於是農商皆失業，以賣田、積錢坐罪者，不可計。又設六筦之令，令州縣酤酒、賣鹽、鑄造鐵器，諸采諸名山大澤衆物者稅之。此召怨於中國也。莽自以為北伐匈奴，東致海外，南懷黃支，惟西方未廓，乃遺人誘西羌獻地，置西海郡。而西羌以失地遂叛，又改蠻夷諸王皆為侯，使人授單于新印，收故漢印，改璽為章。單于欲得故印，使者椎破之，單于大怒，遂寇邊，句町王亦以改為侯而叛。此召怨於外夷也。又以法令煩苛，民搖手觸禁，不得耕桑。繇役煩劇，富者不能自保，貧者無以自存，於是並起為盜。赤眉、更始，光武乘時而起，土崩瓦解，猶不以為慮。但銳意於稽古之事，以為制定則天下自平，乃日夜講求制禮作樂、附會六經之說，制作未畢，而身已為戮。新室十八年之變亂，如是而已。

兩漢經術

自孔子沒而微言絕，七十子喪而大義乖。春秋以後，百家並興。秦重法家，習於嚴刻，而又焚書坑儒，學術屯蹇，至此已極。漢興以來，思有以矯秦之弊，而使一代學術，濟於正以範圍乎人心。當是之時，言《詩》則有申公培、轅固生、韓生嬰，言《尚書》則有伏勝，言《禮》則有高堂生，言《易》則有田何，言《春秋》則有胡母生、董仲舒，太史公紀八賢於《儒林列傳》，其旨微矣。然文帝本好刑名之言，景帝不任儒者，竇太后又好黃老之術，是以西漢學術之盛實始於武帝。帝用董仲舒言，表章六藝，罷黜百家。用公孫弘言，置博士弟子。自是以後，公卿、大夫、士吏彬彬多文學之士矣。西漢宣帝詔諸儒講五經同異於石渠閣，東漢章帝大會諸儒於白虎觀，議五經同異，作《白虎奏議》，如石渠故事，兩漢經學，於此為盛。其後劉向父子、孔安國、孔光、伏湛、崔實、桓榮、二戴、夏侯、歐陽、何休、京房、馬融、鄭玄諸大儒，相繼以經學著稱，而鄭玄^{康成}博通諸經，著書凡百餘萬言。故東漢經術之正，尤以安成為第一云。

黨錮之禍

漢末黨禁共兩次，實由於桓靈之間，主荒政繆，奄寺亂國。東漢風氣，士大夫本以名行相尚，朝政日非，清議愈烈，君子小人益相水火，此黨禍之所由起也。桓帝時有善風角者張成，教其子殺人，河南尹李膺捕殺之，成弟子牢脩遂誣告膺交結生徒、誹訕朝廷。帝怒，命收執膺等二百餘人，誣為黨人，並下獄，終身禁錮。此第一次黨禁也。靈帝時張儉方劾中常侍侯覽，儉鄉人朱並承覽風旨，誣告儉與同鄉二十四人為部黨，帝遂詔捕儉等下獄。宦官曹節，又諷有司並捕前黨李膺、范滂等百餘人，皆死獄中，妻子徙邊，諸附從者錮及五族。詔天下大舉鈎黨，於是有行義者，一切指為黨人。而宦官又諷有司隸校尉捕太學諸生千餘人，並詔黨人門生、故史、父兄、子弟在位者，皆免官禁錮。此第二次黨禁也。^{黃巾賊起，黨人始得赦免}

黃巾之亂

靈帝時黃巾之亂，始於張角勾結宦官徐奉、張讓等為內應，迨盧植、王允等平定之，以小黃門求賂不得，允等竟下獄。論討張角功，張讓等十三人竟封侯。帝嘗詰責諸常侍曰：“汝曹嘗言黨人不軌，今黨人更為國用，汝曹反與角通。”是帝已知宦官通賊矣。然盜賊之未發也，構禍者小人，蒙難者君子。盜賊之既發也，成功者君子，受賞者小人，此漢室之所以必亡也。

三國志

　　晉陳壽，字承祚，安漢人，少好學，師事譙周。先仕蜀，以不附黃皓屢見黜。入晉，張華愛其才，嘗言當以《晋書》相付。時丁儀、丁廙有盛名，壽謂丁氏子曰："可覓千斛，當與尊公作佳傳。"丁不與，竟不立傳。壽父為馬謖參軍，謖被誅，壽父亦髡。壽作《三國志》，遂議諸葛亮不長於將略，士論以此少之。陳壽《三國志》，其先亦係私史。據《晋書·本傳》，壽歿後尚書郎范頵等表言壽作《三國志》，辭多勸戒，雖文豔不若相如，而質直過之。於是詔洛陽令就其家寫書，可見壽脩成後，始入於官也。然其體例則已開後世國史記載之法，蓋壽脩史在晋時，故於魏晋革易之處，不得不多所廻護。既欲為晋廻護，不得不先為魏廻護，凡書天子賜九錫、進爵封王等事，一若出於當時朝廷之酬庸，絕非強臣攘奪也者。此例一定，以後作史者，多奉為定式，《宋》《齊》《梁》《陳》諸書，依樣胡盧，全失春秋口誅筆代之本義矣。《三國志》以魏為正統，故其體例亦顯有分別，於曹魏則立本紀，於吳蜀二主則但立傳。蓋以魏為正統，二國皆僭竊也。

三國志全目

志以魏為正統。後習鑿齒作漢晉春秋，起漢光武，終晉愍帝，於三國之時，則以蜀為正統，至司馬昭平蜀乃為漢亡。朱子綱目亦以蜀漢為正統

魏志三十

自文帝至陳留王，凡五世，四十六年

武帝 姓曹，名操，字孟德。子不受漢禪，追尊為武帝

文帝 名丕，立九品官人之法，又長於詩文。弟曹植，字子建，有才學，善屬文，著有《曹子建集》

明帝叡 齊王芳 高貴鄉公髦出兵討司馬昭，死於賈充 陳留王奐

董卓、袁紹、袁術、劉表

呂布、張邈、臧洪、夏侯惇、夏侯淵、曹仁、曹洪、曹休、曹眞、夏侯尚

荀彧、荀攸、賈詡 彧為操奮武司馬，軍國事悉諮之。後以諫操勿受魏公爵，操銜之，飲藥死。攸常勸操征劉表，密謀帷幄，雖子弟不得聞。賈詡常勸操立丕，為操所信任

于禁等 于禁與龐德守樊北漢水溢，禁七軍皆沒，關羽攻之，龐德不屈，死；于禁降。操聞之曰："吾知于禁三十年，何意臨危反不及龐德耶！"

王粲等 有才名，常依劉表，與孔融、徐幹等七人為建安七子，又稱鄴中七子

陳羣等 羣立九品官人之法，以取眞才，丕從之

方技 華佗，管輅等

蜀志十五

自劉備至劉禪共二世，四十三年

二牧 劉焉及子劉璋

先主 劉備，字玄德

後主 名禪，小字阿斗

諸葛亮、關羽、張飛、馬超、趙雲、蔣琬、費禕、姜維、馬謖

譙周 ^{魏鄧艾軍至陰平，周陳降魏之策，或稱其精研六經，通天文，常作《仇國論》，蓋傷百姓之凋敝也}

吳志十二 <small>自孫堅至孫皓共四世，五十九年</small>

孫堅、孫策、吳主權

周瑜、魯肅、呂蒙、陸遜

晉書

　　《晉書》舊題唐文皇御，撰蓋《晉書》本唐初房玄齡等所撰。貞觀^{太宗年號}中以何法盛等十八家《晉史》未善，乃敕褚遂良等重撰，預其事者二十一人，類例出於敬播，天文、律歷則李淳風為之。脩史出於衆手，自《晉書》始。太宗自為《宣武紀》，與陸機、王羲之二人傳論，故原本題太宗御撰。惟當時脩史者多文咏之士，好採詭異以廣聞見，學者譏之。文多駢四儷六，亦非作史之體也。

　　唐初脩《晉書》，以臧榮緒本為主，而兼考諸家以成之。今據《晉》《宋》等書列傳所載諸家之為《晉書》者，無慮數十種。又《唐書·藝文志》所載，晉朝史事，尚有陸機《晉帝紀》，鄧粲《晉紀》及《晉陽秋》等書數種。當《唐書》脩史時，均尚在，必皆兼綜互訂，不專據榮緒一書也。

　　唐房玄齡監脩國史^{唐史}太宗語之曰：“漢書載《子虛上林賦》，浮華無用。其上書論事，詞理切直者，朕從與不從皆載之。”太宗知此，何以晉史之作，竟駢麗如彼耶。

172

晉書全目

帝紀十

高祖宣帝　姓司馬，名懿，溫縣人。魏文帝時，屢出師與諸葛亮相拒，故亮不能得志於中原。嘉平初，為丞相，至懿孫司馬炎代魏，追尊為宣帝

世宗景帝師太祖文帝昭

武帝　名炎，代魏稱帝，并蜀、吳，都洛陽，罷州郡兵。至惠帝時，盜賊羣起，州郡無備，天下遂大亂。帝蓋桓靈之主也，又令雜夷之種同處關內，其後五胡之亂，已兆於此矣

惠帝　名衷，在位十七年，中毒而崩。帝痴，嘗聞蝦蟆鳴，問曰：“此為官乎？為私乎？”見百姓餓死者，曰：“何不食肉糜？”索靖知天下將亂，指洛陽宮門銅駝曰：“會見汝荊棘中耳。”蓋是時八王
之亂，帝室已危矣

懷帝、愍帝　懷帝名熾，為漢劉淵所殺。愍帝名業，亦為漢殺

元帝、明帝　元帝名睿，即位建康，號曰東晉。帝晏安江沱，因王敦之反，以憂卒。明帝名紹，聰慧有機斷，故能以弱制強，誅剪逆臣，克復大業

成帝衍康帝、穆帝聃哀帝丕廢帝奕簡文帝昱孝武帝曜安帝德恭帝德文

志十二從略

列傳七十摘錄

王祥有孝行

羊祜、杜預　祜為荊州都督，甚得江淮之心，與吳人開布大信，與吳守將對境，使命常通。然伐吳之策，實自祜定之。祜有德於民，及卒，民立碑於峴山，謂之墜淚碑。祜卒，薦杜預自代，預有
謀略，時人目為杜武庫

王渾、王濬、唐彬　三人共滅吳，渾先入石頭城，受孫皓降。於是與濬爭功，唐彬獨不與爭，時人重之

山濤、王戎、阮籍、嵇康、劉伶、阮咸、向秀　山濤曾諫阻罷州郡兵，不聽，以致天下大亂。王戎為三公，與時浮沉，無所匡救。戎問阮瞻曰：“聖人貴名教，老莊明自然，其旨同異？”瞻曰：“將毋同，人謂之三字。”掾初何晏等祖述老莊，王衍之徒皆慕之，率皆以浮誕為美，恣情放達，弛廢職務，吏治之

壞由於清談。裴頠著《崇有論》以矯正之，然習俗已成，卒以亡晉。籍等七人崇尚虛無，輕
蔑禮法，縱酒昏酣，遺落世事，時人謂之"竹林七賢"。晉政愈壞，七人之中惟王戎品劣

陸機、陸雲

周訪、周處
周訪之子處，不脩細行，鄉人患之。後從陸機、陸雲受學，
砥節礪行，州府交辟。世謂周處除三害，言其能改過也

諸王
惠帝永寧元年，趙王倫自稱皇帝，是為八王之亂之始。後齊王冏、東海王越、
河間王顒、成都王穎、長沙王乂等互相殘殺，晉室遂危，繼啟劉淵五湖之亂

劉琨、祖逖
逖少有大志，與琨同寢，中夜聞雞鳴起舞，有恢復中原之志。愍貢帝時
北伐渡江，擊揖為誓，世人壯之，與溫嶠齊名。劉琨賞曰："吾枕戈待
旦，志梟
逆虜。"

王導
懷帝時，天下大亂，江東差安。導說瑯琊王睿收其英俊百餘人與之共事，庾
亮、陶侃皆與焉，時人謂之"百六掾"。導輔相三世，食無儲穀，衣無重帛

劉弘、陶侃
陶侃都督荊湘，士女相慶。聰敏忠勤，終日危坐軍府，檢攝無遺。嘗語人曰：
"大禹寸陰，衆人當惜分陰。豈可逸遊荒醉，生無益於時，死無益於後。"參佐
以戲談廢事者，命取其酒器、蒲博之具投之江中，曰："樗蒲者，牧豬奴戲耳。老莊浮華，非先惜王之
法，言無益時用，君子當正其威儀，何有蓬頭跣足，自謂宏達也。"嘗造船，竹頭木屑皆令籍存，其綜理
微如此。在軍四十一年，明毅善斷，數千里路不拾遺。事
謝安，每密謂陶公用法，恒寓法外意，蓋東晉之名臣也

溫嶠、郄鑒　郭璞、葛洪

顧愷之
有才名，常為桓溫叅軍。人稱愷之有三絕；才絕，
畫絕，癡絕。以官虎頭將軍，故世稱為顧虎頭云

王衍
晉人尚清談，專以浮虛為務，不守禮法，自謂曠達。衍為清談之首，懷帝時為司徒，以清談
享高名，乃以弟澄為荊青都督，敦為青州刺史，自以居中，足以為三窟。後衍為石勒所獲，
伏首乞憐，冀以自免。
清談虛偽，盡露矣

殷浩
晉穆帝時，桓溫總兵上流，滅蜀之後，威名大振，朝廷憚之，乃以殷浩参綜朝權以抗溫，於
是溫、浩成隙。王羲之以為內外協和，然後國家可安，勸浩不宜與溫搆隙，浩不從。後浩北
伐大敗於山桑，溫乃請廢浩，自
是內外大權均歸於溫，不可制矣

謝安
安官太傳，得謝玄、謝石等驛書，知已大敗秦兵於淝水。安方與客圍棋，
書置床上，了無喜色。既罷，還內過戶限，不覺屐齒之折，其矯情如此

王羲之
殷浩以王羲之為護軍將軍，羲之以為內外協和，然後國家可
安，勸浩不宜與桓溫搆隙，浩不從。羲之善書法，世稱王右軍

陳壽、習鑿齒

孝友
王哀等。哀姓以孝，以父儀死非命，隱居教授，三徵、七辟皆不就，廬於父墓側，且夕
攀柏號泣。讀詩至哀，哀父母生我，劬勞未嘗不三復流涕，門人為之廢《蓼莪》之篇

謝玄
孝武帝時苦秦之兵，詔求文武良將有可以鎮北方者，謝安舉其兄子玄鎮廣陵。得劉牢之等為
叅軍，戰無不捷，號北府兵，敵人畏之。蓋是時，以桓冲都督江荊上游軍事，以謝玄監
江北軍
事　也

隱逸
陶潛等。潛少懷高尚，善屬文，為彭澤令，不事權貴。會督郵至，吏白應束帶見之。潛曰：
"吾不能為五斗米折腰。"安帝義熙二年，解印綬去。賦《歸去來辭》，又著《五柳先生傳》
以自況。著有《陶淵明
文集》《陶靖節詩集》等

藝術
鳩摩羅
什僧等

桓温 温功高而驕，伐燕敗於枋頭，歸廢帝奕為東海王　桓玄 温之子，安帝時為江州刺使，迫帝禪位劉裕斬之　王敦 敦督荊州，元帝時反，帝以憂卒

載記十三 合錄十七國，亦稱十六國，不數北燕也。世稱此時為五胡之亂，以皆胡種也

前趙 卽漢國。劉淵，匈奴種，據平陽，凡五主，二十七年　後趙 石勒，羯種也，據上黨　前燕 慕容廆，鮮卑種，據遼東，凡四主，八十五年　後燕 慕容垂，據中山，凡四主，二十四年　南燕 慕容德，據廣固，凡二主，十一年　西燕 慕容泓，據阿房城，凡七，二十年　北燕 馮跋，信都人。據龍城，凡二主，二十九年　前秦 符浩，氐種也。據長安，未幾為苻堅所弑自立，信任王猛。攻晉，敗於淝水。此為五胡中之佼佼者，凡六主，三十五年　後秦 姚弋仲，羌種也。據許昌，凡三主三十五年　西秦 乞伏歸仁，鮮卑種也。據隴西城，凡四主，四　前涼 張軌，安定夷也。據河西，凡九主，七十六年　後涼 呂光，洛陽氏也。據姑臧，凡四主，十八年　南涼 禿髮烏孤，鮮卑別種也。據廣武，凡三主，十九年　北涼 沮渠蒙遜，盧水胡也。據姑臧，凡三主，四十三年　西涼 李嵩，隴西人也。據燉煌，凡三主，二十三年　夏 赫連勃勃，匈奴種也。據朔方，凡三主，二十五年　蜀 李特，亦稱成。巴，西氏也。凡六主，四十七年

東西晉揭要

八王之亂

惠帝時八王之亂，其禍始於賈后一婦人。同氣相殘，卒致外寇，開五胡亂華之端，啟十六國分割之漸，履霜堅冰，可不戒哉！武帝臨崩，欲以汝南王亮與皇后父楊駿同輔政，駿矯詔令亮出鎮許昌。惠帝既立，賈后擅權，殺楊駿、弒楊太后、殺太子遹。趙王倫與齊王冏乃率兵入宮廢賈后，倫自為相國、侍中，總攬大權。尋僭位，廢惠帝。於是冏及河間王容❶、成都王穎共起兵討倫，倫尋敗死，冏即輔政。由是冏以矯死，穎以逆斃，乂死於穎，穎死於南陽，越死於石勒。骨肉用兵，賢愚同盡，內難日深，外寇必起。劉

---

❶ “容”當為“顒”。——編者註

聰、劉曜，乘機而興，五胡之禍，遂致不堪收拾矣。論者謂賈氏不弒太后，趙王之兵不興，趙王不弒惠帝，齊成部河間之師不出。惠帝之世，戰以家人，懷、愍二帝之世，戰以五胡，禍僅始於一婦人，而西晉終矣。此八王之紛紜，皆晉室東渡之先聲也。

五胡之亂

匈奴、羯、鮮卑、氐、羌，此五種者，皆胡人也。當兩漢之世，凡胡、羌之歸附者，多令移居關內。晉武既定天下，又詔罷州郡兵，州郡遂乏武備，此皆為五胡亂華之本源。晉初大封子弟，使擁強兵鎮四方。武帝既崩，諸子爭權，是為八王之變，攻殺不已，國內大亂。匈奴種劉淵，乘時而據左國城，稱大單于，建國號曰漢，是為五胡亂晉之首，時則惠帝永興元年也。繼而羯種石勒，鮮卑種慕容廆，氐種苻洪、苻堅，羌種姚弋仲等，先後稱帝分據中原。紛紜混亂，建國十六，歷年百餘，至劉宋元嘉十六年，始均滅亡，遞演而為南北朝矣，嗚呼！晉不內亂，五胡不興。五胡不興，晉不南渡。始謀不臧，又誰咎哉？

祖逖北伐

東晉祖逖與劉琨志存晉室，嘗夜聞雞鳴，蹴琨起舞，義士肝瞻，如見其人。元帝無志北伐，逖僅得以千人渡江，又復不給鎧仗，中流擊楫，誓清中原，此其志亦大，可悲矣！其後殺張平、降樊雅、走陳川、破姚豹、進屯雍丘、恢復河南，奄有埽平冀朔之勢。乃功高見疑，戴淵來統，怏怏以歿。大功未遂，王敦繼反，忠臣死，賊臣興，此晉之所以終於南渡也。

王敦之亂

王導，王敦從父兄弟也。敦少有奇人之目，尚武帝女襄城公主。江南望族，無與倫比。元帝即位江東，國基未固，端賴世家名族，相與輔翼。於是王導為司空，執政於內。王敦督荊州，總制上流。一門鼎盛，遂招主疑，敦乃舉兵東下，誓清君側，元帝以憂卒。明帝立，敦竟不朝而返武昌，優容姑息，卒又叛變。設非天不永年，則司馬氏偏安之局，不其危乎！

蘇峻之亂

晉室南渡，粗具規模，叛變接踵，危如纍卵，王敦甫平，蘇峻又叛，哀哉晉室！其何以堪。峻本書生，永嘉中百家流亡，峻以孝廉糾合數千家結壘自保，非如王敦之憑藉門第也。敦既叛變，峻率眾入援。石聰南侵，又遣將追擊，非為王敦之跋扈不臣也。乃庾亮無謀，急遽召峻，以速其叛，卒致靡亂宮城，幾危社稷。設非溫嶠、陶侃等努力王室，起兵討賊，則大事去矣。然元帝之崩以憂敦，庾太后之崩以憂峻，七歲幼主^{成帝}歔泣殿省，司其責者，非王導、庾亮而誰耶！

桓溫廢立

蘇峻既平，庾太后臨朝，庾翼、庾亮、庾冰相繼出鎮荊州，長江上流之兵權，悉歸於庾氏。庾翼卒，桓溫代督荊襄，帝奕之廢，即基於此。蓋晉之圖復中原也，庾亮謀而未行，庾翼、庾冰、褚裒、殷浩行而無功，惟桓溫一舉而平蜀漢，再出而收關中，三戰而入洛陽。晉室南渡之後，其兵力能達北方者，只桓溫一人耳。何以枋頭一敗，遽變初衷，不思立功以自贖，乃謀廢立以示威，而帝奕遂乘犢車出神虎門矣。桓溫既死，以弟沖代領其衆，盡忠王室，桓氏復振。不幸溫少子桓玄，與兵江州，踵父逆志，竟廢安帝而自立。劉裕起兵，桓氏之宗覆矣。

淝水之勝

秦王苻堅，胡中之英主也。當晉孝武帝之時，議大舉入寇，羣臣多諫阻，堅不聽。平陽公融力諫，且舉王景略^{王猛，字猛，有才智。與桓溫論天下事，捫蝨而談後相秦}臨沒之言以為戒^{猛嘗言不可伐晉也}，堅卒不用。獨慕容垂、姚萇欲乘其隙，勸之南伐。堅大喜，乃率六十餘萬衆，與晉謝石、謝玄等八萬人戰於淝水，大敗而還，八公^{山名}草木皆兵矣^{堅登壽陽城，望八公山草木，皆疑為晉兵，始有懼色}。是役也，晉主其事者為謝安^{時領揚州刺史}，當其鋒者則謝石、謝玄、劉牢之也。晉自渡江以後，國勢衰微，謝安石^{安字}有廟堂之量，不閑將略^{桓沖語}何以竟能以少勝衆，克此強敵。蓋是時秦兵雖多，苻融、朱序等，均不欲戰，故始一交綏，遽呼敗先逃。自是而後，慕容垂復燕之志，姚萇滅秦之心，如願以償矣。論者謂淝水之戰，晉實天倖，信然哉！

前五代 <small>合東吳、東晉又稱
六朝，共三百六十年</small>

南北朝 自北魏始，與南朝對稱共一百四十年

余齠齡時讀《通鑑》至南北朝，輒苦其統系紛繁名稱含混，因而曠日廢時，記憶不清。距今四十餘年，每一翻閱至此，猶如隔水觀鯽，目為之眩。因別其脈絡，詳其界限，以告初學。若夫博雅之士，固無庸此喋喋也。

五代者，宋、齊、梁、陳、隋也。以後又稱南北朝，則以宋、齊、梁、陳為南朝，以魏及北齊、北周為北朝。蓋宋、齊、梁、陳皆在江南，都金陵，其先由東晉遞嬗而來。四國以次相繼，原非並立，至陳而終，此南朝之大略也。北朝則由魏承十六國殘餘之五國以後，稱北魏為始，北魏又分東西二國，曰東魏、曰西魏，此時北朝只有兩魏。至北齊滅東魏，北周滅西魏，則又由兩魏而變為北齊、北周二國矣。迨北周滅北齊，隋又滅北周。此時北朝只有一隋，此北朝之大略也。

隋承周之後而滅之，繼而南滅陳，南北一統，隋始稱正統。蓋以南北朝計之，不止五代且各有專史，《通鑑》不過以南朝紀年，而附以北方各國，學者幸勿以五代與南北朝混為一談也。

南北朝係以江淮為界，自宋劉裕篡晉為始。宋傳南齊，南齊傳梁，梁傳陳，南朝終，統系尚分明。然當劉宋之初，北朝尚有西秦、大夏、北涼、西涼、北燕五國，皆由十六國互相併吞而來。其

後五國均為北魏所滅，時南朝宋文帝元嘉十六年也。

北方系統，始漸正整。魏之本國，又分東西二國，東魏亡於北齊，西魏亡於北周，北周又併北齊。當是時也，南只有一陳，北只有一周，此為南北朝對立之始末。隋起而北滅周、南滅陳，始告一統。以此解說南北朝，較為清晰。茲列表於後：

陳	梁	南齊	宋亦稱劉宋	南朝
陳霸先	蕭衍成	蕭道成	劉裕	始祖
建康	建康	建康	建康	國都
亡於隋	亡於陳	亡於梁	亡於南齊	滅其國者

東晉

隋
統一北南

北周	北齊	北魏	北朝
宇文覺	高洋	拓跋珪	始祖
長安	鄴	盛樂後遷洛陽	國都
亡於隋	亡於北周	後分東西兩魏 東魏亡於北齊 西魏亡於北周	滅其國者

西秦、大夏、北涼、西涼、北燕

南北史

　　唐李延壽撰《南史》八十卷，《北史》一百卷。《北史》起於拓拔魏，終於隋。《南史》起於劉宋，終於陳。删繁補闕，過各本朝史遠甚，司馬光稱為佳史。陳壽《三國志》後，惟延壽可以亞之。《北史》尤詳密，自成一家言，蓋延壽家世北方，見聞較近也。

宋書 _{亦稱南宋}
或稱劉宋

梁沈約於齊永明五年奉敕撰《宋書》，次年二月即告成，共紀、志、列傳一百卷，自來脩史之速，未有若此者。蓋約脩《宋書》，以徐爰之《宋書》為藍本。爰作《宋書》，係合蘇寶生、何承天二本為一史。沈約脩《宋書》，强半錄自徐爰舊本，故需時無幾。人但知《宋書》為沈約作，而不知大半出於徐爰手。但《宋書》繁冗，非良史也。

裴子野删《宋書》為《宋略》三十卷，約沈❶見而歎曰："吾所不逮。"於是言宋史者，以裴略為上，沈書次之，然均不及"南北史"之紀較詳確為可信也。

宋書全目 _{"南北史"全目}
無甚同異，從略

帝紀十

武帝 _{姓劉，名裕，彭城人。仕晋為太尉，封宋王，受晋恭帝禪，國號宋。帝孝於後母，清簡寡慾，不畜私藏，遺詔母后不得預政。惟尚威力，任機數，非長者之道也}

少帝 _{名義符，荒樂無度，在位一年，廢為營陽王}

---

❶ 當為"沈約"。——編者註

文帝名義隆，視臨聽訟，像寺有禁，脩孔子廟，鑄渾天儀，君子謂元嘉之
治冠江左，信哉！在位三十年，為太子邵所弒，邵又為武陵王腰斬

孝武帝名駿，封武陵王。太子邵弒文帝，王與沈慶之等起兵討邵，殺之，
遂即位。帝拒諫貪淫，大興土木，狎侮羣臣，淫刑峻法，海內騷然

廢帝名業，剪除宗室，太宗明帝名彧，盡殺同蒼梧王名昱，蕭順帝名準，亦為
荒淫不道，被弒宗，荒淫無道道成殺之蕭道成所弒

志三十^{從略}

列傳六十^{摘錄}

檀道濟道濟以佐命功，封永脩縣公。嘗攻魏，至歷城，魏燒其穀草，軍乏食，道濟恐衆
潰，乃夜量沙以示粮足，全軍而返。後為文帝所殺，憤曰：“乃壞汝萬里長城。”

謝晦、謝瞻、范曄

羊欣欣汎覽經籍，
尤 工 隸 書

王鎮惡鎮惡，王猛孫也。從高祖定關中，
與沈田子爭功，後被田子所殺

謝靈運靈運博覽羣書，善屬文，性奢好遊，
為永嘉太守，為有司所糾，從廣州

宗愨愨愨，南陽人也。家世儒，素愨獨好武事，嘗言
願乘長風破萬里浪。元嘉中請從軍伐林邑，破之

袁粲蕭道成將篡宋，袁粲謀起義討道成，事敗，與子最同死節，最抱父乞先死，
兵士皆淚下。粲曰：“我不失忠臣，汝不失孝子。”時人謂之一門忠孝

隱逸陶
潛等

齊書

　　梁蕭子顯，齊豫章王蕭嶷之孫也。江淹受詔為《齊志》，沈約復著為《齊紀》，子顯自表於梁武帝，脩《齊書》凡五十九卷。但《梁書·蕭子顯傳》謂所著《齊書》六十卷，今《齊書》五十九卷，盖缺一卷耳。

　　《齊書》比《宋書》較為簡淨，其類敍之法，實仿自班固《漢書》，故較之人各一傳者言簡意賅也。

齊書全目 ^{亦稱}^{南齊}

本紀八

高帝_{姓蕭，名道成，初封齊王，後以王儉、褚淵之謀受宋禪，即帝位。帝能以儉化民，不御精細，不玩珠玉，恤病囚，訪治術。自云：「使我臨天下十年，當使黃金與土同價。」蓋亦有為之主也}

武帝_{名賾，聰明英斷，惟總大體。以富國為急務，郡縣皆久於其職，故永明之世，百姓安樂，亦令主也}

鬱林王_{淫亂無道，被弒}

海陵王_{殘殺無度，被弒}

明帝_{名鸞，弒海陵而自立。盡滅本支十王以為子孫計，忍哉！}

東昏侯^{殘暴無道，被弒}

和帝^{在位一年，蕭衍廢之為巴陵王}

志十一^{從略}

列傳四十^{摘錄}

謝朓、王僧虔、張緒^{僧虔，善隸書，退默少交。兄僧綽為宋太子邵所殺，客勸僧虔逃。虔泣曰："吾兄奉國以忠貞，撫我以慈愛，若同歸九泉，猶羽化也。"後仕齊為光祿大夫。謝朓有文名，著有《謝宣城集》}

孔稚珪^{稚珪有文學，性清疎。太祖時為記室參軍，與江淹對掌辭筆，有請帝愼邢，令國子生習律疏。建武時為南郡太守，時魏侵齊，有請通驛講和，疏均不納}

梁書

唐姚思廉初仕隋，為代王侍讀。高祖入京，兵驟入王府，僚屬皆奔亡，思廉獨升殿上，抗聲曰：“唐公起義，本安王室，若等不宜無禮。”眾卻列階下，高祖義之。太宗嘗語及隋事，慨然曰：“姚思廉蒙素刃以明大節，真古人所難為。”貞觀三年，思廉奉詔與魏徵撰《梁書》，凡五十六卷。敘事簡嚴，世稱良史。

《梁書》本姚察所作，其子思廉續成之。然察書於各列傳敘述人物，必先敘其歷官，而後載其事蹟，末又載其飾終之詔，此皆國史體例，私家紀載絕無此例。又考其傳述，有美必書，有惡必諱。如梁昭明太子以厭勝憂懼死，而本傳不載等類。可見察作《梁書》，一本國史，而思廉仍錄原文也。

《梁書》雖全據國史，而行文則出自鑪錘，曲折明暢，一洗六朝駢偶蕪冗之習，敘事皆用散文單行，絕無駢四儷六。世以唐韓文公文章起八代之衰，復興古文，殊不知姚氏父子，已振於陳末唐初矣。

江南合吳、晉、宋、齊、梁、陳稱六朝。文多駢儷浮靡，名“六朝體”。

梁書全目

本紀六

武帝 姓蕭，名衍，仕齊鎮襄陽，知齊必亡。兄懿被殺，起兵弒東昏侯，後受和帝禪卽位。恭儉博學，初政可觀，晚年信佛，曾三捨身於僧寺，又納侯景之叛降，後侯景又反，帝被困臺城，餓死

簡文帝 名綱，為侯景所弒

元帝 名繹，帝好談玄理、講老子於靈光殿。魏兵已圍城，令百官戎服聽講，城破降魏，被殺

敬帝 名方智，禪位於陳，尋被弒 **蕭詧** 稱臣於魏，為後梁

列傳五十 摘錄

太子 昭明太子等。太子名統，幼聰慧。及長，善屬文，性至孝，著有《文選總集》。秦漢以來，詩文甚富，唐李善為之注，世稱《文選》。李善注後，呂延濟等五人共為之注，故世又稱“五臣注”南宋以後，合刻李善及呂延濟等六人注，又稱“六臣注”。
六朝文章無甚可觀，惟昭明《文選》一書實為後世總集之始云

沈約、朱買臣、江淹、任昉、周捨、徐勉、裴子野、羊侃 沈約作《平上去》，入四聲譜，即時稱之“詩韻”。
然四聲實起於齊之周顒，而沈約成之

劉勰 勰字彥和，撰《文心雕龍》一書。前半列各體，後半論文術，包羅極富，為詞章家大觀

孝行 庾黔婁，吉翂等。黔婁性至孝好學，講誦《孝經》。父易病，黔婁適除孱陵令，忽心驚，即日棄官歸。翂性至孝，父為吏所誣，翂年十五，擊登聞鼓乞代父命，梁主疑其為人所教，訊之。對曰：“囚雖蒙弱，豈不知死可畏憚？奈何受人教耶！”上乃宥其父

文學 周興嗣，何遜等。按《千字文》卽興嗣作

處士 陶弘景等。弘景有異操，讀書萬卷，雖在朝不交外物。永明十年辭祿，賜居茅山。高祖即位，恩禮愈篤，時人謂之“山中宰相。”

陳書

唐姚思廉著，凡三十六卷。

陳書全目

本紀六

武帝 姓陳，名霸先。初仕梁，封陳公，進爵為王，竟代梁帝。奉身寬簡，無虐政，惟信佛，捨身僧寺，與梁武帝同

文帝 名蒨，恤刑勤政　廢帝 名伯宗，為宣帝所廢　宣帝 名頊，五后并并寵，羣下專權，傳子不才，於以亡國　後主 名叔寶，全無心肝，自號無愁天子。隋兵至，逃入枯井，隋兵引出之，陳亡

列傳三十 摘錄

吳明徹 明徹幼孤，有至性。年十四，悲先人墳塋未備，勤耕以為地，足充葬用。及貴，家無積粟

徐陵、沈恪、姚察 梁主禪位於陳，霸先陳王使恪引兵入宮，送梁主為別宮。恪謝曰："恪經事蕭氏，今日不忍見此，分受死耳，決不奉命。"王嘉其意，更以王僧志代之。徐陵八歲能文，釋寶誌摩其頂曰："此天上石麒麟也。"著有《徐孝穆集》，與庾信齊名，世稱"徐庾體"。又梁簡文，太子好為豔詩，境內化之，晚年欲改作，乃令陵作《玉臺新詠》

前五代史揭要

六朝清談之習

清談起於曹魏正始中。何晏、王弼祖述老莊，謂天地萬物，皆以無為本。無也者，開物成務，無往而不存者也。是時阮藉亦素有高名，口談浮虛，不遵禮法，謂世之禮法君子，如蝨之處褌。至晋王衍、樂廣慕之，俱宅心事外，天下言風流者，以王、樂為稱首。後進莫不競為浮誕，遂成風俗。學者以老莊為宗，而黜六經。談者以虛蕩為辨，而賤名檢。行身者以放誕為通，而狹節信。仕進者以苟得為貴，而鄙居正。當官者以望空為高，而笑勤恪。其時未嘗無斥其非者，如劉頌屢言治道，傅咸每糾邪正，世反謂之俗吏。裴頠又著《崇有論》以正之，江惇亦著《通道崇檢論》以矯之，卞壺斥王澄、謝鯤悖禮傷教。中朝傾覆，實由於此。范甯亦謂王弼、何晏二人之罪，深於桀紂。應詹謂元康以來，賤經尚道_{老莊}_{之道}，永嘉之弊由此。熊遠、陳頵各有疏論，莫不大聲疾呼，欲挽回頹俗，而習尚已成，江河日下，卒莫能變也。

佛教之興

自漢以來，西城^❶既通中國，佛教卽隨之而至。史稱漢明帝時有僧自西域以白馬馱經而來，始建白馬寺。五胡之世，西域僧鳩摩羅

---

❶　“城”當作“域”。——編者註

什，於後秦時入長安，姚興尊信之，遂與羣僧共譯經三百卷，而佛教始大興。初晉人尚清談，其始不過只談老莊，至梁武則更講佛經。此佛入中國之大略也。

門第之見

六朝之時，最重世族，門第之見極深。當時有所謂舊門、次門、後門、勳門之類，以士庶之別，為貴賤之分，積習相沿，遂成風氣。考梁武帝時，侯景請婚王、謝，梁武曰："王、謝門高，可於朱、張以下求之。"陳顯達既貴，嘗誡其子曰："塵尾^{清談恒執塵尾}是王、謝家物，汝不須捉此。"王敬則與王儉同拜開府，儉曰："老子遂與韓非同傳。"或以告敬則，敬則欣然曰："我本南沙小史❶，今得與王衛君同拜三公，復何恨。"可見富時寒微之家，不敢與高門大族相提并論，所謂婚姻不相通，臈仕不相假者是也。然自晉以來，世祿之家，絕少功臣，王導、謝安，誠不多覯。其餘世族，往往與世推移，自保家世，雖朝代已易，而佐命新朝，門望如昔。雍容令僕，裙屐相高，幾不知人間有羞恥事矣。論者輒謂陳羣九品中正官人之法，實作之俑。殊不知清談浮虛，蔑棄禮法，其害已中於人心，此六朝風會、習尚之所以極敝也。

---

❶ "史"當作"吏"。——編者註

魏書 北魏

北齊魏收著。收官尚書右僕射，文宣帝天保二年，詔脩《魏史》。收恃才作意，軒輊任情，得人賄輒為之作佳傳。爾朱榮於魏為賊，其子以金遺收，使作佳傳，乃論曰："若脩德義，韓彭、伊霍亦何足數。"於是書成，天下共詆為穢史。

魏收在北齊脩《魏史》，欲以齊繼魏為正統，故自孝武後，即以東魏孝靜帝繼之，此收之私見也。實則孝武與高歡不合，西遷關中，依宇文泰，是為西魏，正統自宜屬孝武。故隋文帝時魏澹撰《魏書》，大矯收之失，與唐張大素、裴安時等，以西魏為正統，此定論也。惜其書今皆不傳，稱魏者仍以魏收本為主。書凡百三十卷，讀者知魏收之為人，則知《魏書》之良否矣。

魏書全目

帝紀

道武帝 姓拓拔，名珪。設官分職，置五經博士，增國子太學生員。嘗問李先曰："天下何物可以益人，"對曰："莫若書籍。"乃令郡縣書籍悉送平城，蓋北朝有為之主也

明元帝 名嗣

太武帝 名燾，勇健善戰，身先士卒，賞不避賤，罰不避貴，雖所甚愛之人，終不寬假。嘗曰："法者，朕與天下共之，何敢輕也？"

文成帝 名濬

獻文帝 名弘。帝剛毅有斷，尤重刑罰，大刑多令覆鞫，或囚繫積年，羣臣頗以為言。帝曰："滯獄誠非善，治不猶愈於倉猝而濫乎！夫人幽則思善，故智者以圄圇為福堂。朕特苦之，欲其改悔而矜恕耳。"由是囚繫雖滯，而所刑多得其宜。又以赦令長姦，故自延興以後不復有赦

孝文帝 名宏。帝天性純孝，太后馮氏殂，帝勺水不入口者五日，哀毀過禮。既葬，公除太尉丕高閭等奏請，願抑至情，奉行舊典。帝曰："聖人制：卒，哭之，禮。受服之變皆奪情以漸今，旬日之間，言及即吉，得無傷於禮乎？"對曰："踰月而葬，葬而即吉，此金冊遺旨也。"帝曰："朕思中代所以不遂三年之喪，蓋由君上違世，繼主初立，君德未流，臣義不洽，故身襲衰冕，行即位禮。朕在位過紀，足合億兆，知有君矣。於此日而不遂哀慕之心，使情理俱失，豈不深恨也？"又曰："朕所以眷戀衰絰，不從所議者，實情不能忍耳。"乃號慟而入，仍終三年之喪。帝友愛諸弟，始終無間，用法嚴於大臣，無所容貸。行兵禁士卒無得踐傷粟稻，或發民樹，皆留絹償之。又嚴禁巫覡卜筮，非經典所載之書者，皆焚之。又罷尚方綫繡綾羅之工，民欲造者，任之。故延興、太和之世稱太平焉！

宣武帝 名恪

孝明帝 名翊

孝莊帝 名字攸

節閔帝 名恭

廢帝 名朗

孝武帝 名脩，出奔長安，宇文泰弒之。後亡於北齊，是為西魏

文皇帝 名寶炬

廢帝 名欽

恭皇帝 名廓，後遜位於周，是為東魏

東魏孝靖帝 名善

列傳 摘錄

羅結 從道武帝幸賀蘭部，性忠愨，年一百二十。歸老，國有大事，輒馳驛詢問。賜爵屈地侯

古弼 弱善騎射，性忠直，魏主敬憚之，呼曰"筆公"，以其首長也

陸俟 初拜冀州刺史，治為天下第一，遷懷荒鎮大將。未期歲，高車諸莫弗訟俟嚴急無恩，帝徵俟還問之，對曰："高車不知上下之禮，故臨之以威，制之以法。"後高車果叛，帝甚悔之

高允 允歷事五帝，出入三省五十餘年，未嘗有譴。為人仁恕簡靜，雖處貴顯，情同寒素。嘗曰："任賢使能，何分新舊？"仕魏為光祿大夫，進咸陽公。卒，年九十八

李崇 崇為袞州剌史，舊多盜，崇命村置一樓，皆懸鼓。盜發之處，亂擊之，旁村始聞者，以一節為節，次二次三，俄頃之間，聲聞百里，皆發人守禦，由是盜無不獲

李安世 給事中李安世，常於孝文帝時上言田業多為豪右所占奪，雖桑井難復，更宜均量使力業相稱。又所爭之田，宜限年斷事，久難明悉，歸今主。魏主善之，由是始議均田。詔諸男夫十五以上受露田四十畝，婦人二十畝，奴婢受三十畝。盈者得賣其盈，諸宰民之官各隨近給公田有差

高祐 孝文帝問秘書令高裕曰："何以止盜？"對曰："昔宋均立德，猛虎渡河。卓茂行化，蝗不入境。況盜賊，人也，苟守宰得人，治化有方，止之易矣。"

北齊書

　　唐李百藥著。百藥字重規，博陵人。父德林，在齊預脩國史，至開皇^{隋文帝年號}中續成之，已上史官，藏之秘府。貞觀^{唐太宗年號}初，百藥官左庶子，詔脩《齊史》，乃仍其舊錄，雜採他書，演為五十卷。北齊立國本淺^{凡五主，二十八年}，故其史文章萎靡，節目叢脞。蓋由於史才不及古人，亦時會使然也。

北齊書全目

本紀

神武帝^{姓高名歡}　文襄帝^{名澄}　文宣帝^{名洋，仕魏封齊王，遂受魏禪}　廢帝^{名殷}　孝昭帝^{名演}
武成帝^{名湛}　後主^緯　幼主^恒

列傳^{摘錄}

蘇瓊　^{是時齊主極殘忍，有司莫不嚴酷，惟郎中蘇瓊所至皆以寬平為治。或有告謀反者，付瓊推檢，事多申雪。每年春，總集大儒講於郡學，禁斷淫詞，婚葬皆教令儉而衷禮}

魏收、斛律金　^{金為外戚，上待之極優。渥金不以為喜，嘗謂其子光曰：「聞古來外戚，鮮有能保其族者，我家以勳勞致富貴，何必藉女寵也？」}

195

北周書

唐令狐德棻著。武德^{唐太祖}_{年　號}時經大亂之後，秘書湮缺，德棻請帝購求天下遺書。已復建言唐受隋禪，隋承周，宜各為一正史。帝然之，於是德棻奉詔同岑文本、崔仁師定《周書》凡五十卷。唐貞藏❶中脩《梁》《陳》《周》《齊》《隋》五史，德棻獨專領《周書》。《史通》^{書名，唐}_{劉知幾著}譏其文而不實，使周氏一代之史，多非實錄云云。然視《宋》《魏》書則為較勝也。

北周書全目

本紀

文帝 ^{姓宇文，}_{名　泰}

孝閔帝 ^{名覺，初仕魏封周王，受}_{魏禪，後被宇文護所弒}

明帝 _{名毓}

武帝 _{名邕}

宣帝 _{名贇}

---

❶ "藏"疑為"觀"。——編者註

靜帝 名衍

列傳 摘錄

蘇綽 綽少好學，博覽羣書，仕周為尚書。武帝務强國富民之道，乃為《詔書六條》，奏請施行之。其一先脩心，其二敦教化，其三盡地利，其四擢賢良，其五恤獄訟，其六均賦役。綽嘗謂："為國之義，當愛人如慈父，訓人如嚴師。"
及卒，帝步行送葬，舉聲慟哭，不覺匭墜於手

于謹　韋孝寬　王褒、庾信

南北朝揭要

南北對立

北朝自拓跋氏繼五胡亂晉之後，據有中原，大江以北，幾皆入版圖，享國較久，史稱北魏，與南朝對峙，歷宋、齊、梁、陳四朝而始滅，可謂盛矣。魏自太武帝 名珪 之後，國勢日强，於是滅夏、滅北涼、平仇池、伐柔然，武功之盛，五胡之世未曾有也。又復揮戈南指，侵宋、侵齊，受降梁帝。其勢勃勃，南朝之危，直如朝露。統觀南北相持中，有勇有謀，可資北伐者，南朝只一檀道濟，而又見殺於宋文，眞自壞萬里長城矣。夫宋明帝之北伐，五載無功。梁臨川王宏之出師，無故自潰。恢復中原之謂何？直以師旅作兒戲耳。幸而胡運不振，魏自爾朱榮之亂，高歡、宇文泰各立一君，而魏分東西，其勢旣裂，其亡漸至，南北之局，已成弩末。然而魏以一姓割據北方者凡一百餘年，設非自相分裂，則對立之局難逆覩也。

國土廣狹

晉南渡後，南北分裂。南朝之地，惟晉末、宋初最大，至陳則極小矣。劉裕^{後為劉宋}相晉，復青齊、復洛陽、復關中，其兵力已至中原之內部。是以劉裕篡晉之後，北方之關中、洛陽、青齊、虎牢、滑臺、河南、淮北、魯郡、歷城等地，皆入版圖。直至魏太武帝攻拔洛陽，克虎牢、滑臺，於是河南之地，始入於魏。魏孝文帝時又與宋沈攸之等戰而敗之，宋遂失淮北四州及豫州、淮南等地。其後齊將又以壽春降魏，於是淮北之地，盡入於魏。故蕭齊北境，已小於宋。梁武帝在五代中，尚有武功，與魏爭地，乘魏有爾朱榮之亂，利收降將其兵力深入北方，已至洛陽，幾復宋初舊觀。惜侯景降而復反，江北各地，均為北齊所有。及梁元帝降西魏，蕭詧雖云後梁，然卽位江陵，稱臣於西魏，而獻其襄陽。時江北盡入於北齊，長江上流之蜀及襄陽又入於西魏。而陳霸先^{陳武帝}篡梁立國，北其地僅據長江之下流，劃江自守，武漢以上，非所有也。雖陳宣帝乘北齊之亂，曾命吳明徹北伐，思爭淮北，然周已滅齊，又敗明徹，師出無功，蹈促江南，尚不及孫吳時之南達閩粵、西有荊襄也。然則陳之為陳，亦可哀矣。

南北經術

六朝人雖以詞藻相尚，然北朝治經者，尚多專門名家。蓋自漢末鄭康成以經學教授門下，著錄者萬人，流風所被，士皆以通經績學為業。故雖中經劉石五胡之亂，而士習相承，未盡變壞。大概元魏時經學以徐遵明為大宗，周惰❶間以劉炫、劉焯為大宗。南朝經學以蕭齊之初及梁武之世為稍盛，蓋以齊高少為諸生，王儉為輔，又長於經禮，梁武開五館建國學、置博士，故其時北方之邃於經學者，如宋懷方、感袞等，皆一時大儒，均相率南渡講學。可見當時南朝經術，不盡為釋老之說所掩也。惜晉尚玄言，宋尚文詞，而王弼、何晏等《論語集解》且兼采玄言，經學不純，已❷失漢儒衣鉢矣。

六朝人尚辭藻，故其為文多駢四儷六，聲律和偕。而梁人沈約之詩韻實成於此時，其書分平上去入為四聲，謂之"四聲譜"。凡作韻語必宗之，由是詩律更密矣

❶ 當為"隋"。——編者註
❷ 當為"已"。——編者註

隋書

唐貞觀三年，詔魏徵脩《隋史》，以魏徵總其成，房玄齡為監脩。序論皆徵所作，徵又薦顏師古、孔穎達、許敬宗同撰，書成凡八十五卷。作者皆唐初名臣，文筆嚴淨，稱良史焉。

《隋書》本無忠❶，今之志，乃合記梁、陳、齊、周、惰❷之事，舊名《五代史志》，別自單行，其後附入《隋書》。蓋貞觀十五年，又詔于志寧、李淳風、韋安仁、李延壽同脩《五代史志》，凡成十志三十卷。至顯慶^{高宗年號}元年，長孫無忌上之。此十志尤為後世所推重，然此實《五代史志》，今雖附於《隋書》，究非《隋志》也。

隋書全目

帝紀

文帝^{姓楊，名堅。先篡周，後滅陳統一南北。嚴刑峻法，內惑獨孤后，外惑楊素，廢勇立廣，再傳而亡。論者謂其頗類嬴秦也}

煬帝^{名廣。悖逆無道，大興土木，殘殺百姓，屢征高麗無功，天下騷然。後遊揚州，為宇文化及所弒}

---

❶ "忠"當爲"志"。——編者註

❷ "惰"當爲"隋"。——編者註

恭帝_{為王世充所弑}

志三十_{《隋志》為後世所稱，故全錄其目}

禮儀_七　音樂_三　律歷_三　天文_三　五行_二　食貨　刑法　百官_三　地理_三　經籍_四以上共十志三十篇

列傳

王通_{文中子}

高熲、蘇威_{熲嘗定取陳之策。威於平陳後政尚苛細，作五教，使民無長幼讀之，遂激變，朝議以此短之}

牛弘_{弘嘗謂自秦始皇後，書有五阨，上書請高祖廣獻書之路，帝從之，遂下詔民間獻書一卷，賫一縑。於是一二年間，篇籍浸備}

韓擒虎、賀若弼_{皆平陳之將，若弼以怨望後被殺}

揚玄感、李密_{玄感，楊素之子。密後降唐復叛，被殺}

虞世基_{世基為內史侍郎，以煬帝惡聞盜賊。諸將及郡縣有告敗求救者，皆不以實聞，但云鼠竊狗盜行當殄盡，帝良以為然。或杖其使者以為妄言，由是盜徧海內，帝皆弗知，遂致於亡}

裴矩_{勸煬帝詔致西域諸胡}宇文化及、王世充

新舊唐書

　　《唐書》有新、舊二種。《舊唐書》二百卷，晉^{此為}^{石晉}出帝時劉昫所監脩。《新唐書》二百二十五卷，宋仁宗時歐陽修等所纂脩。茲分述於左❶。

　　晉出帝開運二年，監脩國史劉昫，史官張昭遠，以修《唐書》紀、志、列傳并目錄上之，賜器幣有差，此《舊唐書》所以首列劉昫名也。然薛、歐二史，《劉昫傳》俱不載其有功於《唐書》之處，但書其官銜、監脩國史而已。蓋昫為相時，《唐書》適成功，遂由昫表上之，實非昫所脩也。石晉天福五年，詔張昭遠、賈緯、趙熙、鄭受益、李維光等同修唐史，宰臣趙瑩監修。瑩以唐代載籍散失，奏請令中外臣僚有撰述者，不論年多少，並許進納，從之。是趙瑩為監脩，綜理周密，故瑩本傳云《唐書》二百卷，瑩首有力焉。今人但知《舊唐書》為劉昫所撰，殊不知成之者乃趙瑩、張昭遠諸人也。

　　宋仁宗時，又以劉昫等所撰《舊唐書》卑弱淺陋，乃命翰林學士歐陽修、端明殿學士宋祁刊脩，曾公亮提舉其事，十七年而成，凡二百二十五卷，是為《新唐書》。《新唐書》事增於前，文省於舊。此固由於歐、宋二公老於文學，然亦由於太平日久，殘編故冊，次第出現，易於參考，又得諸名手佽助其事，故成良史。今兩

---

❶ 因改為橫排，原書"左"應為"下"。——編者註

書並行，均列正史，然以《新唐書》為佳。

唐書全目

本紀十

高祖 姓李，名淵。初仕隋為太原留守，進爵為王，以從世民計，起兵太原，隋恭帝二年遂受禪。高祖乘隋室之敝，淹有天下，迹其行事多不足取，臣事突厥、昧立太子二事尤為失計，設非世民英武，唐之社稷何能永也

太宗 名世民，高祖第二子。殺建成、元吉以承大統。帝英武多智，弱冠起義，佐高祖成帝業。繫夏、楚，滅燕、涼，俘薛仁杲，芟劉武周，剪李黑闥，擒王世充，化家為國，武功昭著。即位之後，任賢從諫，房玄齡、杜如晦、魏徵等皆當時名相，尉遲敬德、李世勣、李靖等皆當時名將。相與輔佐治理，以安天下。是以貞觀之治蔚然可觀，海內晏安，突厥臣服。帝又置弘文館以儲才，釋奠孔子以立教，慎刑律則定三覆、五覆之法，卹民瘼則有蠲租、蠲賦之詔，文治武功可謂盛矣

高宗 即位之初，尊禮大臣，矢心求諫，故永徽之政有貞觀之風。只以內寵武曌，外信李義甫，殺長孫無忌、褚遂良等，視朝聽政而武氏垂簾，自此宮中二聖，唐德衰矣

武后、中宗 武曌臨朝廢中宗，改國號曰周。幸有狄仁傑、張柬之等力輔唐室，中宗得以復位，否則李氏之社稷危矣。中宗又寵韋后，竟以被弒，哀哉！

睿宗、玄宗 明皇開元之治，卓有可觀。定官制，汰僧尼，又有姚崇、宋璟、張說、韓休、張九齡等賢臣為之佐。惜乎天寶之後，寵楊貴妃，任安祿山、李林甫等敗壞國事，卒致西幸巴蜀，傳位太子，惜哉！

肅宗、代宗 肅宗賴郭子儀、李光弼等名將之力，收復故物，奠安王室。代宗可為守成之主，而藩鎮勢成，釀成亂階，唐之紀綱墜矣

德宗、順宗、憲宗 德宗用盧杞趙瓚等以致敗。順宗在位一年，無可紀者。憲宗志去藩鎮，削平河朔，又有裴度、李愬等名臣為之輔，宜乎！可以中興矣。乃寵宦官、貶韓愈，卒被宦官張弘志所弒，惜哉！

穆宗、敬宗、文宗、武宗、宣宗 穆宗柔弱，河朔再失。敬宗昏瞶，見弒宦官。文宗優柔不斷，受制家奴，雖有李德裕等不能輔佐之也。武宗為宦官所立，然英明剛斷。宣宗明察沈斷，克成先志，收復河湟。故大中之治，時人目為小太宗也

懿宗、禧宗 懿、禧無道，宦豎專橫，唐室危矣

昭宗、哀帝 昭帝之世，天已去。哀立三年，被弒於朱全忠。於是唐室二百八十九年之帝業，遂告終於朱梁矣

志五十 ^{從略}

志五十 從略

表十五 從略

列傳一百五十 摘錄

后妃 節錄

則天武后 姓武，名曌。高宗立為皇后，廢中宗，改國號曰周，僭位二十一年。賴張柬之等率羽林軍討之，殺張易之、張昌宗，迫武氏退位，居上陽宮。中宗復位，帝在位五年

韋后 中宗后也，弒中宗謀廢立，後為明皇隆基起兵討平之

楊貴妃 明皇寵妃，以幸安祿山，致祿山反。明皇出奔，幾危唐室，後為軍士逼殺於馬嵬驛

尉遲敬德 敬德名恭，以字行。初為劉武周將，後降世民。敬德善奪矟，嘗與元吉較勝負，須臾三奪其矟，武功甚盛，為凌烟閣功臣二十四人之一。帝欲以女妻之，敬德曰：“臣妻雖陋，相與共貧賤久矣。臣雖不學，聞
古人富不易妻，此非臣所願也。”乃止

李靖、李勣 靖破突厥，定吐谷渾，以功封衛國公。勣鎮并州，突厥不敢南向

房玄齡、杜如晦、魏徵 玄齡明達吏事，輔以文學，用法寬平，與如晦引拔士類，嘗如不及。玄齡善謀，如晦善斷，故唐世稱賢相推房、杜焉。十八學士之選，如晦居首。魏徵性忠直，事太宗知無不言，嘗諫討嶺南，太宗曰：“魏徵一言，勝十萬之師。”諫
阻封建，諫納直言，又慮貞觀之治之不克有終，乃上《十漸之疏》，帝皆嘉納。卒，謚文貞，為當代名臣。雖
歿後有踣碑之舉，後以帝征高麗無功，深悔之。乃
歎曰：“魏徵若在，不使我有是行也。”乃復之

王勃、楊炯、盧照鄰、駱賓王 皆有才名稱唐初四傑

長孫無忌、褚遂良 太宗疾篤，召長孫無忌、褚遂良受遺詔輔太子。且謂太子曰：“無忌、遂良在，汝勿憂天下。”後遂良等以諫阻帝立武氏為后眨死，又誣無忌謀反，
殺 之

令狐德棻、孫伏伽、劉仁軌、裴行儉、婁師德、侯君集

王維、李白、杜甫、白居易、孟浩然、韋應物、賈島、杜牧、温庭筠、李商隱 唐詩分四期。初唐王維，盛唐李白、杜甫，中唐白居易，晚唐李商隱、温庭筠、杜牧

薛仁貴 仁貴於高宗朝隨李勣平高麗，名震異域。突厥入寇，仁貴將兵至象州，虜問唐將為誰，仁貴免冑示之，皆下馬羅拜而去。九姓反，仁貴討之，一發三矢，殺三人，虜卽降。軍中歌

曰："三箭
定天山。"

蘇味道 味道於中宗朝居相位，嘗謂人曰："處事不欲
明白，但摸稜持兩端可矣。"時人謂之蘇摸稜

狄仁傑 仁傑仕高宗及武后之朝，面折廷爭，秉心忠正。討默啜、安河北、平契丹、焚淫祠、
除武氏，又薦姚元之、桓彥範、敬暉等數十人，卒成反正之功，誠唐室之良相也

張柬之 柬之為相，定策除
武氏，恢復唐室

姚崇、宋璟 玄宗開元中，召崇為相，崇知帝勇於為治，乃先設《十事要說》以堅帝意。中宗
以貴戚爭營寺、度僧，崇上言："佛圖澄不能存趙，鳩摩羅什不能存秦，齊襄、
梁武不免禍殃，何用妄度姦人，使壞正法？"上從之。齊澣謂為救時之相，信哉！崇舉璟自代，崇善應
變，璟善守法，唐世賢相前稱房、杜，後稱姚、宋廣州請為璟立遺愛碑，璟請禁之，以革諂諛之風，於是
他州皆不敢立。山人范知璿献所為文，璟判曰："觀其《良宰論》，頗涉諂諛，文章若
高，宜從選舉，不可別奏。"璟為相不受諂諛，犯顏直諫，然愛民卹物，人稱有脚陽春云

蘇瓌、張說 說仕唐，封燕國公，
朝廷大述作多出其手

張九齡、韓休 九齡上《千秋金鑑錄》
於玄宗，亦良相也

倪若水、王忠嗣、牛仙客、哥舒翰、高仙芝、封長清

高適、元結 字次
山 **元稹** 唐代詞家李白、劉禹錫、溫庭筠
等均甚著，而元稹尤為專長也

李光弼 光弼治軍嚴肅，號令一施，旌旗變色，為唐中興名將，與郭子儀並稱。平河北、破史思
明、降李日越，謀定而後戰，善以少勝衆。後以中官魚朝恩為監軍，致有邙山之敗，後又
擁兵徐州，
時論少之

郭子儀 子儀歷玄、肅、代三朝，武功之盛，莫與比倫。破祿山、破吐蕃、收復兩京、安撫回紇，
為再造唐室之名將。其後子儀處元載、朝恩之間，更能以碩德化其鬼蜮，而讒間不行。手
握強兵，一詔立行，故功高
而主不疑，誠唐代之名臣也

李泌 泌有才學，歷肅、代、德宗三朝。肅宗與泌出行軍，軍士指之曰："黄衣者聖人也，白衣者
山人也。"泌諫易太子、和回紇、制吐蕃，深謀卓見，為上所重。惟好談神仙，為世所輕

劉晏 晏以安史之亂，所在宿重兵，其費不貲。變通有無，曲盡其妙，唐世稱理財及漕運之能者，
以晏為第一。晏又立常平鹽法，以官多則擾民，故只於出鹽之鄉設官，於是國用足而民不困

李絳、元載、房琯

段秀實、顏眞卿 秀實仕德宗朝，為節度使。會朱泚反，劫秀實議稱帝，秀實以笏擊泚中其
額，曰："吾豈從汝反邪！"乃死之後，贈太尉。眞卿善眞草書，以孝
聞，仕肅、代二朝。會李希烈反，上遣眞卿宣慰。眞卿知必死，遺其子書，但令以奉家廟、撫諸孤而
已。至許，希烈欲官之，眞卿叱之曰："汝知有罵安祿山而死者顏杲卿乎？乃吾兄也。吾豈受汝曹誘脅
乎？"乃死之
後，贈司徒

馬燧、李晟 晟十八從軍，號萬人敵。德宗朝授同平章事，拜哭受命，未復京城，軍士未受春
衣，盛夏猶衣裘褐，終無叛志。後克復長安，戰勝吐蕃，進爵西平王。子李愬於
憲宗朝受命討藩鎮，雪夜入蔡州，擒吳元濟，為
不世之功。愬儉於奉已，而豐於待士，稱良將焉

陸贄 贄年十八登進士，德宗召為翰林學士，上數問以得失。贄為相，奏議純正，知無不言。裴延
齡等恣為詭譎，贄曰陳其不可用。凡事有不可，力爭之。所親或規其太銳，贄曰："吾上不
負天子，下不負所學，他無所需。"
卒，諡宣曰。有《陸宣公奏議》行世

劉蕡 蕡，昌平人，以直言下第，昭宗時贈諫議大夫

權德輿、崔羣、柳公綽 綽弟公權善書法，文宗問曰："卿書何能如是之善？"對曰："用筆在心，心正則筆正。"上默然，知其以筆諫也

劉禹錫、柳宗元 禹錫，字夢得，工詩以譏諷時政，被廢，著有《劉賓客文集》。宗元，字子厚，善屬文，與禹錫皆黨王叔文，謫柳州刺史，世稱柳柳州

杜黃裳、裴度 憲宗時藩鎮愈強，度為相，討平淮蔡，以功封晉國公。正色立朝，认身繫天下安危者三十年，作別墅曰綠野堂

烏重胤 憲宗朝重胤為橫海節度使，以河朔藩鎮所以能拒朝命者，實由於州縣各置鎮將，收刺史縣令之權所致。因以所領德、棣、景三州各還刺史職事，應在州兵并令刺史領之。其後河北諸鎮惟淮海最為順命，由重胤處置得宜也

韓愈 愈，字退之。通六經百家之學，擢進士。貞元中，旱，奏請緩征京畿物稅，又請討淮西。後裴度討淮西，奏愈為行軍司馬，十四年為刑部郎。上迎佛骨至京，愈表諫曰："自黃帝以至禹湯文武，皆享壽，考百姓安樂，當時未有佛也。漢明帝始有佛法，亂亡相繼。宋、齊、梁、陳、魏以事佛漸謹，年代尤促，惟梁武帝在位四十八年，三度捨身為寺家奴，竟為侯景所逼，餓死臺城。事佛求福，乃更得禍，由此觀之，佛不足信，亦可知矣。"疏上觸，帝怒，貶潮州刺史。又作《原道》，極言佛不足信，卒，謚曰文。愈為文粹然，一出於正，輔翼六經，一洗晉魏六朝浮靡之習。世謂"韓文公文章，起八代之衰"云

李德裕 德裕學有大節，敬宗朝獻《丹扆六箴》。文宗朝勸上討澤潞，平之，由是河北三鎮不敢有異志。惟與中僧儒不合，史稱牛李之黨

李固、傅奕、呂才 太史公奕精究術數之書，而終不之信。有西域僧能呪人立死，上試之驗。奕曰："此邪術也，記呪臣。"僧呪之，奕不覺而僧死。奕不信佛，戒子勿學佛書。集晉魏以來駁佛教者，為《高識論》十卷行世。上命太常博士呂才刊定陰陽雜書，才皆為之序，質以經史，以為陰陽雜書妖妄不足信，傷教、敗禮，莫斯為甚，諷者以為確論

杜佑 佑明史學，著《通典》二百卷。與宋鄭樵所著之《通志》元馬端臨所著之《文獻通考》，世稱三通

忠義 顏杲卿，張巡 等

卓行 司空圖等

隱逸 孫思邈、盧鴻、陸羽、陸龜蒙等

儒學 陸德明，顏師古、孔穎達、歐陽詢等

文藝 駱賓王、宋之問、李白、王維、孟浩然、李商隱等

方技 李淳風等

外戚 武承嗣、武三思、楊國忠等

宦者 吐突承璀、高力士、路奉先、李輔國、王守澄、韓全晦、程元振、魚朝恩、霍仙鳴、田令孜

酷吏 索元禮、來俊臣、吉溫 等

藩鎮 天雄軍、成德軍、盧龍軍、平盧軍、橫海軍、宣武軍、彰義軍、昭義軍，以上八鎮自安史之後叛，以襲叛。大歷、貞元間其害滋甚。迄於唐亡，不為王土

姦臣 許敬宗、李義府、李林甫、盧杞、叛臣 僕固懷恩、逆臣 安祿山、史思明、李希烈、朱泚、黃巢

唐書揭要

唐室兵制

　　自來兵制，未有如唐室之善者也。古者諸侯擁兵於外，及其衰也，可以制天子，所謂外重內輕，周滅於秦是也。秦收天下之兵，聚之關中，郡縣之吏，手無兵柄，所謂外輕內重是也。然盜賊蠭起，而郡縣不能撲滅之，卒以致亡，皆明證也。惟唐府兵之制，斟酌於內外輕重之間，有互相牽制、互相因應之利，而無其弊，法至善也。貞觀^{太宗年號}之際，天下之兵，八百餘府，而在關中者五百，舉天下之兵，而後能當關中之半。外有節度使，內有府兵，內外輕重得其平衡。立法之初，未可厚非。然開元^{明皇年號}之後，府兵四出，萃於范陽。德宗之世，禁兵皆戍趙魏。府兵既出，方鎮權重，終唐之世，迄無寧歲。論者輒以唐亡於藩鎮，而歸咎於外重內輕，殊不知藩鎮擁兵，由於廢府兵也。有治法無治人，古今同慨矣。

唐室三害^{黃巢附}

　　唐室三大禍，一曰女寵，一曰宦官，一曰藩鎮。女寵之害，武后之僭大位，韋后之弒中宗，其尤著者也。宦官之害，陳宏志之弒憲宗，劉克明之弒敬宗，其尤著者也。藩鎮之害，至朱全忠且取唐室而代之，則其禍更甚於女寵與宦官矣，而又內主之以小人，外迫之以盜賊。有楊貴妃之寵，而後有安祿山、史思明之叛。有安史之亂，而後有藩鎮之跋扈。憲宗平淮蔡、靖河朔，藩鎮之勢已漸殺矣。而又大盜四起，儼然流寇，龐勛之黨為黃巢，黃巢之黨為朱全忠，全忠歸唐而用之，則盜賊一變而為藩鎮矣。當是時，宰相謀誅宦官，則召藩鎮，崔允是也。宦官謀殺宰相，亦召藩鎮，韓全誨等是也。及其終也，宰相死，宦官死，天子亦死，朱全忠且攘神器而有之，而唐遂亡，此三害循環之結果也。

<h2>租庸調法^{兩稅之弊 附}</h2>

田賦之制，自井田法廢，王莽曾有王田之制，行之未久，反以致弊，於是許民自相買賣。晉武帝時，又有戶調式之頒行。北魏孝文帝時，亦有均田令。其立意皆以整理田賦為本，然均未見大效，盖以天下紛亂之時，徒法不足以自行也。唐初田賦之制，沿晉武帝時戶調法，使天下之人，各有其一定之田，田各有其一定之稅，最得均田之義，此租庸調法之所由始也。有田則有租，租言以公田假人耕種，而收其租入也。有家則有調，調言據丁士所樹藝，而調取之也。有身則有庸，庸言人出絹而當役。傭，直也。其法凡民始生為黃，四歲為小，十六為中，二十一為丁，六十為老。授田之制，丁及男年十八以上者，人一頃，八十畝為口分，二十畝為永業。其為餘者，人四十畝，寡妻妾三十畝，當戶者增二十畝，皆以二十畝為永業，其餘為口分。永業之田，樹以榆、棗、桑及久所宜木，皆有數。諸鄉有寬狹，地有肥瘠，人有死徙者倍半，買賣各有限制。自王公以下，皆有永業田，稅斂之數，凡授田者丁歲輸粟二斛、稻三斛，謂之租。丁隨鄉所出，歲輸絹二匹、綾二丈，布加五之一，綿三兩、麻三觔，非蠶鄉則輸銀十四兩，謂之調。用人之力，歲二

十日，閏加二日。不役者，日為絹三尺，謂之庸。有事而加役，二十五日者免調，三十者租調皆免，通正役不過五十日。自外戚及於學生、俊士、義夫、節婦，皆免課役。水、旱、霜、蝗，所免租庸調各有差，此高祖、太宗致民殷富之良法也。開元^{明皇年號}之後，侈費無節，兵興盜起，財用不足，丁口戶籍編造不實，租庸調法於是弊矣。迫至代宗，始計畝定稅。德宗相楊炎，遂作兩稅法，戶無主客，以居者為簿；人無丁中，以貧富為差；徵稅之期，定以夏秋。此法一行，而租庸調法盡廢矣。論者謂三代井田之法，壞於商鞅，以其隨田之在民者稅之，而不問其多寡也。唐租庸調之法，壞於楊炎，以其隨民之有田者稅之，而不分其中下也。兩稅之法，自炎創之，歷代相沿，或治或亂，意者其在稅外乎。

武韋之禍

高宗之武后、中宗之韋后，皆唐氏之罪人也。然武后易宗社改元稱帝，實為篡賊。韋之惡不及武，而早死，有天幸焉。中宗昏猶高宗，而甚之以愚。韋后淫猶武氏，而益之以賤。愚且賤，其人不可言也。武后欲自縱，願高宗頭眩速死。韋后淫不制，竟毒中宗。婦人始惑其夫，既則惡之，又甚則殺之。盜憎主人，婦怨無極，下愚當此，有死而已。天寶而後，先有楊貴妃，後有張良娣。宮閫之禍，竟致乘輿播遷，藩鎮兵起，一敗壞而不堪收拾焉。可不懼哉！

安史之亂

安祿山、史思明皆胡種也，勾結楊妃，本無大志。設非李林甫激之使反，范陽之變，未必即發。乃玄宗相李林甫、寵楊貴妃、任楊國忠，開門揖盜，過非一端。祿山既反，潼關不守，而乃倉皇幸蜀，遜位肅宗。幸而賊運將終，郭子儀、李光弼等，再造唐室，未致滅亡，詎非大倖。然而三郎郎當，馬嵬之痛，蜀道之難，皆受安史之賜也。

牛李之嫌

自古君子小人之爭，無不以朋黨二字為誣陷、殘殺之不二之法門。前漢之黨，指蕭望之、劉向、張猛、周堪，而治之者元帝與弘恭、石顯也。後漢之黨，指李膺、范滂等二百餘人，而治之者桓、靈與中常侍也。唐長慶太和之黨，始於牛僧儒[1]與李德裕之交惡，李宗閔、李逢吉等遂附和僧儒，目德裕、李紳等為朋黨而排擠之，傾軋報復垂四十年。然李德裕相武宗，六年之間，藩鎮漸清，其與裴度相憲宗、平藩鎮者同其功業。僧儒相文宗，碌碌無能，惟日以阻害李德裕為事，且以天下已小康欺文宗，真竊位盜名之小人也。宣宗惡德裕，竟貶為崖州司戶。牛李之黨，遂為唐室末葉之不幸焉。迨昭宣帝之際，凡縉紳不與梁者，柳璨皆誣以朋黨而投之濁流。白馬驛之禍，可為寒心，履霜堅冰，君子所以防未然也。

黃巢之反

唐亡於藩鎮，實亡於盜賊。黃巢、李仙芝，其始不過山東一鹽販耳，而乃嘯聚山林，擾江淮、陷廣州、渡采石、破長安，僖宗倉

---

[1] 今為"孺"。——編者註

猝出走，稅❶駕成都、設無李克用等收復京師，削平逆寇，則黃巢之
猖獗，幾何而不為明之李自成、張献忠耶！然而巢賊雖除，全忠繼
起，卒以亡唐，是藩鎮之前身，實流寇之餘孽耳。

---

❶ "稅"疑為"遂"。——編者註

後五代

　　自唐末藩鎮跋扈，遞演而成後五代之局。唐亡以後，後梁、後唐、後晉、後漢、後周，以次稱帝，是為後五代。後梁始於朱全忠，後唐始於李存勗，後晉始於石敬塘，後漢始於劉知遠，後周始於郭威。凡五朝，皆都北方。然是時偏方割據者尚有十國，今據《五代史·世家》前後，列表於下。

後五代表

五代國號	始祖	國都	滅其國者
後梁	朱全忠	洛陽	亡於李存勗
後唐	李存勗	洛陽	亡於石敬塘
後晉	石敬塘	大梁	亡於契丹
後漢	劉知遠	大梁	亡於郭威
後周	郭威	大梁	亡於宋

　　五代偏方割據者，凡十國，稱帝改元者七，惟楚、吳越、南平常用中國年號。

偏方割據諸國表

國名	始祖	國都	滅其國者
吳	楊行密	楊州	亡於南唐
南唐	李昇	金陵	亡於宋太祖
前蜀	王建	成都	亡於南唐
後蜀	孟知祥	成都	亡於宋太祖
南漢	劉隱	廣州	亡於宋太祖

续　表

楚	馬殷	長沙	亡於南唐
吳越	錢鏐	杭州	亡於宋太祖
閩	王審知	福州	亡於南唐
南平	高季興	江陵	亡於宋太祖
東漢	劉崇	太原	亡於宋太祖

五代史 梁、唐、晉、漢、周
舊各有一代之史，

宋歐陽修始刪為《五代史》。後司馬光脩《資治通鑑》，雖取歐陽公一二論說，而所引書仍多舊史，故其言辭詳畧與《五代史》多有異同

《五代史》有新舊二種。宋太宗開寶六年，詔脩《梁》《唐》《晉》《漢》《周》《書》，其曰《五代史》者，後人總括之名也。書凡一百五十卷，監脩者為薛居正，以各朝實錄為藁本，此官脩之史，所謂《舊五代史》也。其後歐陽脩病其繁燕，乃私撰《五代史》，凡七十五卷，藏於家。脩歿後，熙寧五年，詔求其書刊行，是為《新五代史》。於是薛、歐二史並行於世，然歐史文筆潔淨，直追遷史，其書法謹嚴，寓褒貶於記傳之中，尤非薛史所能及也。

五代史全目

本紀十二

梁太祖 姓朱，名溫。初從黃巢為盜，後降唐，拜宣武軍節度使，賜名全忠，後封梁王，竟移唐祚，即位後又更名晃。荒暴無道，二世而亡

梁末帝 名友貞，更名瑱，亡於唐

唐莊宗 姓李，名存勗，唐晉王李克用之子。李克用忠於唐，屢敗朱全忠，誓終身守臣節，臨終以三矢遺存勗，囑滅梁。存勗即位，國號唐，祭太廟還三矢

唐明宗 名嗣源。明宗與物無競，每夕於宮中焚香祝天曰：「願天早生聖人，為生民主。」在位八年，兵革罕用，於五代時粗為小康

唐愍帝、廢帝

晉高祖 姓石，名敬瑭，唐明宗之婿。借契丹兵滅唐，尊契丹為父，復獻幽薊十六州，自是十六州四百餘年不復為中國有矣

晉出帝 名重貴，為契丹所虜，晉亡

漢高祖、隱帝 高祖姓劉，名知遠，仕晉封北平王。出帝被虜，乃即位，改國號曰漢。隱帝名丞裕，知遠之子。父子在位共四年，自古享國之最短者

周太祖 姓郭，名威，仕漢為侍中。會遼兵入寇，威率兵擊之，至澶州為軍士擁立

周世宗、恭帝 世宗本姓柴，太祖養子。在位六年，重威令、崇儒術，故五代十三君以周世宗為最賢。恭帝名宗訓，七歲卽位，陳橋之變，禪於趙匡胤，五代之局終矣

列傳四十五 摘錄

梁家人 以下有唐、晉、漢、周等家人列傳，從略

梁臣　唐臣　晉臣 桑維翰、景延廣等　漢臣周臣 韓通等　死節 梁王彥章、唐裴約、南唐劉仁贍　宦者 張承業等。承業為唐末宦者，忠於唐室，至死不渝

雜傳 雜傳諸人皆歷事數朝，不可以代紀，故史特註出以彰其醜。馮道自稱長樂老，歷事諸朝，阿諛取容

考三 從略

世家十

吳　南唐　前蜀　後蜀　南漢　楚　吳越　閩　南平　東漢

年譜一

十國年譜

遼史 _{元脫脫本，凡一百十六卷}

元順帝時，命托克托等脩《遼》《宋》《金》三史。自至正三年開始，至正五年告成，以如許卷帙，成之不及三年，蓋三史皆有舊本，非至托克托始脩也。各朝本有各朝舊史，元世祖時又已編纂成書，至托克托等已屬第二三次脩緝，故易於告成耳。《遼史》在遼時，已有耶律儼本，在金時又有陳大任本，此《遼史》之舊本也。金亡後，累朝實錄在順天張萬戶家，後卽據以脩《金史》，此《金史》之舊本也。宋亡後董文炳在臨安主留事，曰：「國可滅，史不可滅。」遂以宋史館諸記駐盡歸於元都，貯國史院，此《宋史》舊本也。人但知至正時托克托等脩三史，而不知至正以前，早有成書可稽也。_{托克托，卽脫脫不花之音}

遼史全目

本紀三十

太祖_{耶律億，國號契丹，居熱河。後梁時阿保機稱帝，其境東至日本海，西及天山，包有內外蒙古及直隸、山西之北境。至德光朝，改國號曰遼。凡九帝，二百二十年。後為金所滅，遼亡}

太宗_{德光}　世宗_阮　穆宗_璟　景宗_賢　聖宗_{隆緒}　興宗_{宗眞}　道宗_{洪基}

天祚帝_{延禧}

志三十三

營衛、兵衛等

表八

世表、部族等

列傳四十五 ^{從略}

國語解 ^{從略}

遼史揭要

　　遼之先，出自炎帝，其可知者，蓋自奇首至德祖已八世，世屬契丹。德祖生耶律億，德祖死，億遂建國。破室韋諸部，伐河東、河北，略地至薊，與唐李克用盟，拔劉仁恭於燕都，因以偏師討東北諸都及女眞之未附者。於是東至海，西至流沙，北絕大漠，是為太祖。子倍讓位於弟德光，乃載書浮海歸於唐。已而德光滅唐而立石晉，改國號曰遼，縱騎四出，中原大擾。死後剖腹實鹽，載以之北歸，時謂之帝羓。倍子阮立，述軋弒之，德光之子璟繼立，嗜酒無度，周世宗伐之。阮子賢立，與宋太宗戰於高梁河。傳子隆緒，

蕭太后專政，復號契丹，大舉寇宋，有澶淵之盟。子宗眞嗣，國富
兵強，乘宋有西夏之擾，入寇中原，富弼力爭，而和好復定。子洪
基嗣，酷好浮圖，復國號曰遼，宋使韓縝割地界之。延禧以孫繼
立，宋徽宗遣童貫結好女眞，相約來攻，取燕雲，延禧奔夾山，為
金人所擒。凡九世，計二百二十年。而遼亡後又分北遼、西遼，不
數年皆亡。

宋史 _{元脫脫本，凡}_{一百九十六卷}

宋代國史，國亡時皆入於元。元人修史時，大概只就宋舊本，稍為排次。故元順帝時命托克托等修《遼》《宋》《金》三史，不及三年，卽告成。托克托奉敕撰《宋史》，共四百九十六卷，大旨在表彰道學，而文則失之太繁。南宋以後，《文苑》僅列數人，循吏竟不列傳，則又疏略之病也。

《宋史》繁蕪，昔人多有欲重修者。明嘉靖中，廷議更修《宋史》，以嚴嵩董其事，然未得成書。惟柯維騏^{嘉靖}^{時人}以《遼》《宋》《金》三史體例未當，乃合三史為一史，以宋為主，而遼、金附之。褒貶去取，義例頗嚴，閱二十年始成，名曰《宋史新編》。惜其書未及梓行，卽已散失，今所傳者，只托克托本耳。

宋史全目

本紀四十七

太祖 姓趙，名匡胤，仕周為殿前都點檢。陳橋之變，遂代周帝。豁達大度，時僭國十餘，皆削平之。信任儒臣，愛養民力，保全功臣，杯酒釋兵，號稱英主

太宗 名匡義，以太后命繼太祖而立。帝仁恕恭儉，好文守成，滅北漢，天下復歸一統，可謂有帝王之略矣。惜歧溝之敗，氣餒於契丹，為美中不足耳

眞宗 名恆，好道教，東封、西祀，史不絕書。契丹入寇，設非寇準勒帝親征，則澶淵一役，宋室不亡者幾希矣

仁宗 名禎，卽位之始，政出太后。親政之後，衆賢登庸，范仲俺、富弼、韓琦、狄青、歐陽修等濟濟一朝，誠有宋一代極盛之時也

英宗 名曙，卽位之初，受宦官讒間，兩宮不和，幸賴宰相韓琦、呂誨、歐陽修諸賢調護而安。然優禮大臣，愛民好儒，亦良主也

神宗 名頊。帝最信任王安石，銳意變法。凡農田、水利、青苗、均輸、保甲、免役等法無不次第實行，卒致天下嗷嗷，民情愁苦，未見新法之效也

哲宗 名煦。帝幼冲卽位，高太后臨朝，任用賢相，政事修擧。故元祐之世，稱女中堯舜。太后崩，帝以昏庸之主，近小人、遠君子。用章惇、蔡卞等，而元祐諸賢貶斥殆盡，中原大亂，宋德始衰

徽宗 名佶。帝任蔡京等，貶黨人，信神仙之說，又與金約滅遼，遂為所欺。金人入寇，擄帝北去

欽宗 名桓。卽位二年，又為金擄。徽、欽旣亡，北宋以終

高宗 名構，卽位南京，是為南宋。帝無撥亂之才，故雖有李綱、張浚為之相，張、韓、劉、岳為之將，不能復尺寸之地。秦檜主和，致受金人册封為大宋皇帝，中原無恢復之望矣

孝宗 名眘。時值金主賢明，南北講和，俱得休息。帝性純孝，志在復仇。惜張浚一出撓於史浩，再出撓於湯思，退師，出無功，為可惜耳

光宗 名惇。帝遭后悍妬，惑惡婦之讒言，乖父子之天性。父在不朝，父疾不視，父死不服喪，蓋亦禽獸其心矣。趙汝愚等奉太皇太后旨，擁立嘉王，所謂反復之而不聽則易位者，是也

寧宗 名擴。帝柔而不明，廢黜正學。先用韓侂冑，後用史彌遠，渝盟致寇，金人犯邊。是時元太祖已起兵北方，宋與金之末路皆至矣

理宗 名昀。始蔽於史彌遠，繼惑於史嵩之，終失於賈似道。約元滅金而又敗盟，蒙古之禍卒以亡宋

度宗 名禥。賈似道專政，喪師失地，諱敗為勝，以至於亡，惜哉

恭宗 名㬎，被元兵擄至沙漠而殂

端宗 名昰。元兵入臨安，帝卽位於福州。自是天子居於海上，雖有文天祥、張世傑等之忠勇，然天命已去，宋無尺寸土矣

帝昺 名昺。帝舟在廣東之崖山，元兵破之，陸秀夫負帝赴海死，張世傑亦死。宋室三百二十年之帝業終矣

志一百六十二 從略

表三十二 從略

列傳二百五十五 摘錄

范質、王溥、魏仁浦 前此，宰相見天子議政，均坐賜茶。范質等相太祖，畏帝英睿，輒具劄子進呈，自是坐論之禮遂廢。溥及仁浦，皆太祖時同平章事

石守信、王審琦、高懷德、韓重贇、王彥昇

王全斌 全斌與曹彬等伐蜀滅之，全斌在蜀日驕，遂激蜀變，幸曹彬等討平之

趙普 普獨相十年，剛毅果斷，然多忌刻。杜太后臨終召普受顧命，令太祖傳光義，光義傳光美，光美傳德昭。後太宗崩，議嗣君，普曰："一誤不可再誤。"乃傳太宗之子眞宗。普嘗曰：以半部《論語》治天下，亦賢相也

曹彬、潘美 彬奉命伐江南，平之。彬位兼將相，性仁厚。及卒，家無餘積，為宋良將第一。美奉命伐南漢，平之，亦良將也

李穀、劉溫叟 溫叟清介方正，事母以孝聞，與李昉定通禮

薛居正、盧多遜 居正相太宗十八年，寬簡不苛，衆論賢之。多遜為相，貪固權位，力毀趙普

李昉、呂蒙正、張齊賢 昉為相，不市恩，時人賢之。蒙正與趙普同相太宗，質厚寬簡，有重望。嘗曰："治國之要，在內脩政事，則遠人未歸。"齊賢相眞宗，有令名

錢若水、蘇易簡、雷德讓

楊業 業善戰，號揚無敵。遼人忌之，每戰望見旌旗輒引去。後戰死於陳家谷

呂端、寇準 端相太宗、眞宗，器量寬怒，知大體。上嘗曰："呂端大事不糊塗"，每見其入對，肅然拱揖，不以名呼。準相眞宗，時契丹入寇，力勸帝親征，故澶淵之役契丹請盟，皆準之力，世稱寇萊公

李沆、王旦、向敏中 沆於眞宗朝同平章事，嘗曰："人主少年當使知四方艱難。"嘗治第廳事，前僅容旋馬。或言太隘，沆曰："居弟當傳子孫，此為宰相廳事，誠隘。為太祝奉禮應事，則已寬矣。"嘗讀《論語》曰："沆為相，如《論語》中節用而愛人，使民以時，尚未能行聖人之言，終日誦之可也。"旦及眞宗相，愼守法度；及老，力薦寇準自代

王欽若、丁謂、陳彭年、劉承珪、林特 時人謂之五鬼，以王欽若等導帝信祥瑞、符籙

狄青 青於仁宗朝討元昊、破儂智高立奇功，愼密寡言，明賞罰，正部伍，與士卒同甘苦，以功擢同平章事。青起微賤，有以狄梁公畫像獻之者，青辭之曰："一時遭際，安敢自附梁公？"時論多之

呂夷簡 夷簡為相，自章獻太后臨朝至仁宗中葉，當國最久。西夏用師，契丹求地，選將命使，二邊以寧。惟排斥異己，實乏休休有容之量耳

楊億、李迪、王曾、蔡襄、王禹偁、劉敞

晏殊 自五代以來，學校廢壞。殊始興建，為諸州倡延。范仲淹以教生徒，故仁宗而後，大儒輩出

韓琦、曾公亮 琦相英宗，太后與帝有隙。帝謂琦曰："太后待我少恩。"對曰："自古聖帝、明王，不為少矣。獨稱舜為大孝，豈其餘盡不孝哉！父母慈而子孝，此常

事不足道。惟父母不慈而子不失孝，乃為可稱，但恐陛
下事之未至耳。"帝大感晤。琦相三朝，與富弼並稱

富弼、文彦博

弼使契丹議和，不辱君命，又上《安邊十三策》。仁宗朝與文彦博同入相，及宣制，士大夫相慶於朝。文、富二公素望碩德，華夷著稱，稱名相焉。弼常言："君子與小人並處，其勢必不勝。君子不勝則奉身而退，樂道無悶。小人不勝則交結構扇，千歧萬轍，必勝而後已。迨其得志，遂肆毒於善良，求天下不亂，不可得也。"彦博久居樞府，以王安石變法言於帝曰："朝廷行事，務合人
心。"後因與安石不合致仕

胡瑗、孫復

瑗居太學，禮部所得士，瑗弟子十常居四五。時瑗與孫復同為直講，復教養不及瑗，而治經過之

范仲淹、范純仁

仲淹於仁宗時知延州，防西夏。敵人相戒曰："小范老子腹中有十萬甲兵，不比大范老子可欺也。"大范指范雍。仲淹選監司，凡不才者，一筆勾之。富弼曰："一筆勾之甚易，焉知一家哭矣。"仲淹曰："一家哭何如一路哭耶！"遂悉罷之。仲淹內剛外和，汎愛樂善，惜其參知政事不久，草能成其先憂後樂之志。性至孝，與富弼同心輔政，以忤呂夷簡放逐者數年，天下咸仰其德焉。先儒論宋代人物，以仲淹為第一，以其佐宋皆聖賢事業，白璧無理者也。純仁，仲淹子也。神宗判國子監，奏言："王安石變祖宗法度，掊克財利，民心不寧。《書》曰：'怨豈在明不見'是圖願陛下圖不見之怨。"帝曰："何謂不見之怨。"對曰："杜牧所謂不敢言而敢怒者是也。"遂作《尚書解》以進。又言："安石鄙老成，為因循，棄公論，為流俗"不聽，尋左遷知
和　州

包拯、趙抃、唐介

拯性剛直，嫉惡如仇，知開封府，貴戚、宦官為之歛手。時人以其笑比黃河清焉！後為龍圖閣學士，故世稱包龍圖

歐陽修、曾鞏

時尚險怪之文，號太學體。張方平常言："文章之變，與政通。邇來文格，日失其舊，驅扇浮薄，重麗雅俗，非取賢、歛才、備治具之意。"歐陽修知貢舉，痛抑新體，時所推譽，皆不在選。澆薄之士，侯修晨朝羣聚詆斥之，然文體自是亦稍變。修以風節自持，與王安石不合致仕鞏文章本源六經，為歐陽修所重。與唐韓愈、柳宗元及宋之蘇洵父子、王安石稱唐宋八大家，皆古文大師也。按《唐宋八大家文鈔》係明茅坤編，至清儲欣又益以李翺、孫樵為十大家，李、孫皆韓愈門人。古文以韓愈為大宗，蘇子由為最次，此清劉開之論也

趙抃

仁宗時為御史，彈劾不避權倖，聲稱凜然，時人稱為鐵面御史，嘗以一琴一鶴自隨。英宗時參知政事，後以忤王安石去位

王德用

德用於仁宗朝為樞密使契丹使至，語譯者曰："黑王相公乃復起耶！"其威望見重如此

陶穀

太祖自陳橋之變入宮，日晡班定，猶未有禪詔。翰林承旨陶穀出諸袖中，遂用之。帝北面拜受，乃升殿即帝位

鄭俠

王安石新法病民。是時，急征苛斂，東北流民羸疾愁苦，身無完衣，至身被鎖械而負瓦揭木賣以償官。鄭俠乃繪流民圖上之，請罷新法

陳摶

摶隱華山，太宗時兩入朝。嘗謂宋琪曰："君臣協心同德興化，假令白日飛昇亦何益於世？"摶精於易，世稱希夷先生

呂誨

誨於神宗朝為御史中丞，王安石既執政，誨上疏曰："大姦似忠，大詐似信。安石外示朴野，中藏巧詐，驕蹇慢上，陰賊害物"云云。疏上不聽，乃出知鄧州，安石益橫。司馬光服其先見，自
以為不及也

王安石

神宗信安石最專，安石變法，興農田、水利、均輸、保甲、免役、市易、保馬、方田諸法，號曰新法。呂惠卿等附合安石，一時名臣皆被斥。然新法竟無效，天下騷然

司馬光、呂公著

光孝友忠信，恭儉正直，自少至老，語未嘗妄。自言吾無過人者，但平生所為，未嘗有不可對人言者耳！誠心自然，天下敬信於學無所不通，惟不喜釋老。曰："其微言不能出吾書，其誕吾不信也。"及居政府，凡王安石所建新法為民害者，剗革略盡。及卒，京師為之罷市，往弔鬻衣致奠，四方皆畫像以祀。公著講學以治心養性為本，相業亞於司馬光，亦宋室
之名臣也

周敦頤 敦頤博學力行，著《太極圖》，明天理之根源。又著《通書》四十篇，發明太極之蘊，得孔孟之道，有大功於學者，程顥、程頤皆師之。敦頤每令尋孔顏樂處世，稱濂溪先生。為有宋一代理學之宗，與司馬光、邵雍、程顥、程頤、張載稱理學六先生。而周敦頤實為宋理學之開祖

張載 載少喜談兵，後見范仲俺，因勸載讀《中庸》，又訪諸釋老。知無所得，反而求之六經，與二程論道學之要，渙然自信曰：「吾道自足，何事旁求？」於是盡棄異學，淳如也。時王安石為政，乃隱南山，世稱橫渠先生

程顥、程頤 顥自十五六時與弟頤聞汝南周敦頤論道，遂厭科舉之業，慨然有求道之志，未知其要，泛濫於諸家，出入於釋老者幾十年，返求諸六經而後得之。資性過人，充養有道，自秦漢以來未有臻斯境者。及卒，文彥博採衆論題其墓曰「明道先生」。弟頤致力於聖賢之學，言必忠信，動遵禮度。蘇軾嫉之，於是洛黨以頤為首，蜀黨以軾為首，朔黨以劉摯為首，講學始有門戶之見。惟呂大防、范祖禹師司馬光，無黨。頤既卒，世稱伊川先生

楊時 時學於程頤，高宗時以龍圖閣直學士致仕，以著書講學為務。朱熹、張栻得程氏之學，其源皆出於時，世稱龜山先生

劉庠 庠不附王安石，安石欲見之。庠曰：「安石自執政，未嘗一事合人情，往將何語耶？」卒不往。上疏極言新法非便。上曰：「奈何不與大臣協心濟治乎？」庠曰：「臣知事陛下而已，不敢附安石也。」

邵雍 雍於書無所不讀。初化海李之才受《易》於穆脩，脩受於仲放，放受於陳摶，源流最遠。雍師事之，先之以物理之學，繼教以性命之學，雍由是妙晤神契，著書十萬言。累徵不仕，稱大儒焉

孫固、范祖禹、陳瓘、韓維

范鎮 鎮歷事三朝，剛正勇決，清白坦夷。神宗朝與王安石不合致仕。其學本於六經，口不道佛老、申韓之說，與司馬光並稱於時

蘇洵、蘇軾、蘇轍 洵嘗作《辨姦論》以譏王安石，軾、轍均與王安石不合，時號眉山三蘇，均有文名。惟轍嫉程頤，致成蜀、洛、閩三黨之隙，良可惜也

謝良佐、游酢、呂大臨 與楊時稱程門四先生

呂大防、劉摯、蘇頌、梁燾 摯於哲宗朝為尚書右丞，嘗論人才曰：「性忠實而才識有餘，上也。才識不逮而忠實有餘，次也。有才而難保，可籍以集事，又其次也。懷邪觀望，隨時改變，此小人也。」

尹焞、胡安國 南渡後儒者進退，合義以尹、胡為首

劉安世、張懿 安世忠孝正直，取則於司馬光，在諫職，為蔡京、章惇等所忌，以貶卒。懿同知樞密院事，立巡社法，寓兵於農。前此言民兵者，皆莫及之，高宗詔集為書行之

黃庭堅 高宗朝令頒庭堅所書戒石銘於州縣，令刻石文曰：「爾俸爾祿，民膏民脂，下民易虐，上天難欺。」庭堅與秦觀等稱蘇門六君子，又善詩，稱江西派之首

种師道 欽宗時，金人圍京師，師道率諸道勤王，兵至汴京，時論多之

劉韐、張叔夜 叔夜知海州，降淮南道宋江等。欽宗時為南道都總管，帥師入衛，徽宗被擄，叔夜從帝渡白溝河，死之

李綱 徽宗朝金議割地，綱為兵部侍郎，力言祖宗疆土當以死守，不可以尺寸與人。欽宗初為東京留守，力勸上不可出幸以避金兵，乃力戰禦敵。後為相，力主恢復中原。黃善、王伯彥方勸

帝幸揚州、幸杭州，綱遂被
斥去位，與趙鼎並稱賢相

呂頤浩 宋帝航海之策，
實頤浩進之

張浚、張俊 浚志復中原，與湯思退並相孝宗，浚始終不主和議，
與思退不合。俊附和秦檜，陷害岳飛，時論鄙之

趙鼎、劉大中、王庶、晏敦復、張燾、李光

宗澤 澤為東京留守，屢挫金兵，
力請帝還京師，皆不聽

韓世忠、劉光世、吳玠、吳璘、劉錡、劉子羽、劉琪 皆南宋
名將

呂好問、范成大、魏杞、虞允文

胡寅 寅進七策於高宗，力請罷和議而脩
戰略。呂頤浩惡其切直，罷之於外

岳飛 飛志復中原，扼於秦檜，遂被陷害。飛用兵
之術曰仁、信、智、勇、嚴，為宋室名將也

羅從彥、胡宏 從彥、宏皆楊時弟子，朱熹謂龜山倡道，東南士之游其門者甚衆。然潛思
力行，任重詣極者，仲素一人而已，學者稱豫章先生。仲素，從彥字也

林勳 高宗時勳為廣州教授，上《本政書》三十篇，詳言："農貧、兵驕、地利多遺、財用不足皆
本政不脩之故，宜倣古井田之制，一夫受田五十畝，其有羨田之家無得市田。其無田與游惰
未作者，驅之使為隸農以耕田之羨者，而雜租錢穀以為什一之稅。"朱熹
甚愛其書，陳亮稱其考古驗今，思慮周密。世之為井田學者，無以加矣

朱熹 婺源人，字元晦。紹興中登進士，累官煥章閣待制。卒，諡曰文公。幼有求道之志，聞延
平、李侗學於羅從彥得伊洛之正，遂徒步往從之。其學大要窮理致知，反躬實踐而以居敬為
主，四方遊學之士從之者如市。初劉勉之聞涪陵譙定受"易學"於程頤，公嘗從胡憲、劉勉之、劉子翬三
君子遊，勉之從譙定，楊安世、楊時受學，故公得道統之傳，自勉之始。其論治以正君恤民為主，宋之理
學至公而集其大成。講學於考亭，世稱考亭學。歷高、孝、光、寧四朝，著有《大學》《中庸》章
句、或問《論語》《孟子》集注《通鑑綱目》等書行世。南宋理學以公為主，北宋則以程頤為主也

陸九淵 九淵居貴溪之象山，世稱象山先生。其學主尊德性，朱熹學主道問學，嘗與熹會講鵝湖，
宗旨各異。又公弟九韶、九齡皆講學，世稱江西三陸。卒，諡文
安。明王守仁講學以良知、良能為主，稱姚江派，又稱陽明先生，故世以陸、王並
稱，程、朱並稱，此理學兩大派。脩學之法雖殊，然同歸於聖人之大道，則一也

張栻 栻與朱熹為友，以古聖賢自期。其學嚴於義利之辨，所著有《論孟太極說》，學者稱南軒
先生。兩宋理學分濂、洛、關、閩四學，派濂溪周敦頤，洛陽程顥、程頤，關中張載，
閩中朱
熹也

常安民 哲宗朝罷新法，復用元祐諸賢，天下翕然。呂公著繼司馬光為相，熙豐小人猶多在朝，安
民貽公著書曰："善觀天下之勢，猶良醫之視疾。方天下無事之時，語人曰其後必有大
憂，則衆必駭笑。惟識微見幾之士，然後能逆知其漸。故不憂於可憂，而憂於無足憂者，至憂也。今日天
下之勢可為大憂，雖登進忠良而不能搜致海內英才，使皆萃於朝以勝小人，恐端人正士未得安枕而臥也。
故去小人為不難，而勝小人為難。陳著、竇武協心同力，選用名賢，天下想望太平。然卒死於曹節之手，
遂成黨錮之禍。張柬之五王中興唐室，以為慶流萬世。及武三思一得志，至於竄移淪沒。凡此者，皆前世
已然之禍也。又云今怨憤已積，一發其害必大，可不為大憂乎？"公著得書默。然至徽宗時，蔡京等用
事，元祐諸賢排斥殆盡，且立黨人碑於端禮門，目司馬光等百二十人為姦黨，而北宋終矣。後安民又論章
惇、蔡京姦，
時論賢之

任伯雨 徽宗時，伯雨為右正言。時曾布欲調和元祐、紹聖之人，伯雨言："自古未有君子小人雜
然並進可以致治者，蓋君子易退，小人難退，二者並用，終於君子盡去，小人獨留。唐德

宗學此以致播遷之
禍，不可以不戒。”

呂祖謙宋代理學以周、程、張、朱四先生為首，至南宋末年又分三大學派。朱熹主格物致知，陸九淵主明心，二子所主不同。呂祖謙字伯恭，學者稱東萊先生，則取朱、陸之長，而貫通於朱子之道問學，陸子之尊德性者也

蔡元定元定從朱熹學，熹稱為老友，世稱西山先生

陳東徽宗朝天下皆知蔡京等誤國，大學生陳東上書曰：“今日之事，蔡京壞亂於前，粱師成陰賊於內，李彥結怨於西北，朱勔聚怨於東南，王黼、童貫又從而結怨於遼、金，請誅此六賊以謝天下。”帝嘉納之

羅點光宗朝點簽樞密院事，孝友端介，不為矯激之行。或謂天下事非才不辦，點曰：“當論其心，心苟不正，才雖過人，果何取哉？”

魏了翁、眞德秀德秀與了翁為史彌遠排擠去位，彌遠死，神宗以民望召還為翰林學士。德秀乃進《大學衍義》，了翁入對力陳儒生與戚、宦不兩立

留正、周必大、劉光祖、趙汝愚必大相孝宗，純篤忠厚，善類多所引進。光祖為侍御史，乞禁譏議道學者。汝愚相光宗，忠正不阿。光宗不孝，汝愚以太皇太后命擁立嘉王，尤得貴戚大臣之體，與留正並稱賢相。惜其不能預防韓侂冑而用之，終為所擠以去位也

趙葵、趙范、丘崈、孟珙皆宋末名將

謝枋得恭宗朝枋得知信州，與元兵戰，矢盡兵敗，入山變姓名。元初求人才，逼之北行，至元都慟哭不食死，世稱叠山先生

秦檜、万俟卨、李邦彥、汪伯彥、黃潛善、何鑄、史浩

章惇、蔡京、蔡卞、蔡攸、朱勔、劉德秀、陳自强、京鏜、蔡確、李淸臣

曾布、呂惠卿、楊畏太皇太后崩，哲宗親政，首用楊畏，言紹述神宗之政，改元紹聖。於是呂惠卿、章惇、蔡京以次登用，而元祐諸賢皆去位矣

賈似道似道於理宗朝隱，向元兵割地納幣請和，詭以鄂州圍解表聞。然諱和主戰，卒以亡宋。度宗立，益專政平章軍國事，嘗築半閒堂鬥蟋蟀。誤國害民，後以元兵迫建康，被貶死

韓侂冑、蘇師旦、史彌遠侂冑仕寧宗朝，力排趙汝愚、留正、朱熹諸賢，又名道學曰偽學，嚴禁之。並以朱熹諸賢為偽黨，貶斥殆盡，正人君子皆不自安。侂冑又欲假伐金以自固，用師旦謀定，議伐金。自是渝盟，東南失守，寧宗奔四明。彌遠殺，侂冑繼為相，寧宗崩，矯詔立理宗，國事已不可為矣

張邦昌、劉豫、吳曦

余安裕安裕為國子正，學客有甚談安裕之文學於謝枋得者。枋得笑曰：“昔呂東萊中宏詞而歸，學者羣登其門請升講座。陳同父勸東來勿許曰：‘伯恭本是繫籍聖賢，豈可升座’？東萊問其故同父曰：‘官為宰相可以生殺廢置人，官為臺諫給舍可以彈駁榮辱人，官為國子監可以考校舍法去取人。開口高談道德性命，縱有錯謬，人無爭辯者，畏其勢也。此三等謂之繫籍聖賢，東萊大笑而止。今安裕為國子正字，乃繫籍聖賢，宜乎？子之敬畏而稱頌之也。”客大慚

陸秀夫號君實，舉進士，累官至吏部侍郎。端宗崩，帝昺立為左丞相，與張世傑共秉政。元軍破崖山，秀夫負宋帝，赴海死，宋亡

文天祥天祥，吉水人，號文山。理宗時進士，端宗時為右丞相，封信國公。時宋室將亡，天祥屢募義兵圖恢復，後戰敗被元兵執，不屈。作《正氣歌》以見志，遂死

張世傑 元軍既破崖山，宋帝已死，世傑與元將張弘範戰於海上，力竭敗走平章山下，圖再舉，適大風，世傑仰天呼曰：「我為趙氏亦已至矣，若天不欲我復存趙祀，則大風覆我舟。」舟遂覆，世傑死焉

道學 周敦頤、程顥、程頤、張載弟戩、邵雍

道學 劉絢、李籲、謝良佐、游酢、張繹、蘇昞、尹焞、楊時、羅從彥、李侗，俱程氏門人

道學 朱熹、張栻

道學 黃幹、李燔、張洽、陳淳、李方子、黃灝，俱朱氏門人

儒林 孫復、胡瑗、楊萬里、劉子翬、呂祖謙、蔡元定子沈，陸九齡、九韶、九淵、胡安國子寅宏宥、眞德秀、魏了翁等

文苑 安德裕、蘇舜欽、蘇洵唐庚兄伯虎、黃庭堅、米芾、李公麟、葉夢得等

忠義 李若水、劉韐、傅察、李邈、歐陽珣、張世傑、陸秀夫、陳東、歐陽澈、呂祖儉、呂祖泰等

隱逸 种放、魏野、林逋和靖、劉勉之、胡憲等

宦者 雷允恭、童貫等

佞倖 朱勔等

姦臣 蔡確、呂惠卿、章惇、曾布，蔡京弟汴、子攸、趙良嗣、郭藥師、黃潛善、王伯彥、秦檜、万俟卨、韓侂胄、丁大全、賈似道

叛臣 張邦昌、劉豫、劉正彥、杜充、吳曦、李全

世家 南唐李氏、西蜀孟氏、吳趙錢氏、南漢劉氏、北漢劉氏、湖南周氏、荊南高氏、漳泉劉氏、陳氏

周三臣 韓通、李筠、李重進三人，皆周臣，不附宋起義，敗死

宋史揭要

收兵權

太祖鑑於唐季以後，僭竊相踵，思欲息天下之兵，建長久之計，乃問於趙普。普言方鎮太重，君弱臣強，今欲治之，宜削奪其權，制其錢穀，收其精兵，則天下自安矣。帝乃與石守信等飲酒，

諷其共釋兵權，出守大藩，共保富貴，自此藩鎮不操兵權，功臣亦強半令終。其處置得宜，有足多者。然杯酒論心，大將解印，既無漢高之殘殺，又非光武之曲全。唐末藩鎮之禍，不數語而消滅之。讀史至此，不得不謂宋藝祖之明決也。然至真宗時，王禹偁言江淮諸郡，毀城隍、銷兵甲，二十餘年，書生領州，蕩然無備。賈昌朝於仁宗時，亦言將屢易、士不練，病在削方鎮太過。二臣去太祖未遠，而已深憂兵備之空虛。此歷宋之世，所以兵威不振一敗於遼，再敗於金，而終亡於元也。晉廢州郡兵，而五胡之亂起。唐廢府兵，而藩鎮之禍作。內重之弊，與外重之弊，恆互相起伏，治國者當知所擇矣。

營田之議

陳靖懇田之議，即後魏李安世均田之策，皆官取閑田以授民也。安世之制，頗彷井田。露田立還受之法，買賣合均給之數。公田非強奪，爭田以年斷，通行差便。靖則閒曠之田，有授無還。官給牛種，廣募游惰，五年之後，收租責償，費多難行，馬端臨氏論之詳矣。然晉遭劉石五方淆亂，魏定燕趙，遂荒九服，地大網闊，鼎建勢易，安世因無制之民，量人畫野，不耕之土，邑地相參，桑田無擾，露田必均，丘墟瘠鹵，盡成良疇。無王莽王田之害，有趙過代田之利，上下安之，未有起而與爭者也。宋承唐五季之餘，太祖削平諸國、除藩鎮留州之法。粟帛錢幣，咸聚王畿。嚴守令勸農之條，稻粱桑枲，務盡地方。再傳以後，法令密而議論多，因循易而改作難。是以引水溉田，黃懋言之，何承矩任之。屯田省運，陳堯叟言之，太宗嘉之。勸民懇田，何承矩倡之，陳靖言之，陳恕等贊之，廟議舉行，公私便益。而皇甫選、何亮片言排阻，踰時立罷，惜小費而亡大利，國家興革，豈可庸人度量哉？夫農田不興，而後有方田，方田作俑，而後有公田。端拱、至道之間，既失於聽言之不斷。熙寧、元豐，又失於任人之太專。此宋之所以富強無策，而日就削弱也。

澶淵之盟

眞宗景德元年，契丹寇澶州，邊書告急，一日五至，中外震駭。王欽若請帝幸金陵，陳堯叟請帝幸成都，是時寇準為相，力請帝親征。帝渡河次澶州，契丹以數千騎薄城下，大敗而退，乃請盟，以南朝為兄。和議成後，王欽若嫉準，謂準以天子作孤注。夫成平、景德之際，契丹數寇，外張虛聲輕中國，南面之君，不能出國門一步，恣其恫喝。準力請渡河，軍心始壯，強將勁旅，左右夾輔，全而後動，豈徼幸人主哉？況乎澶淵之盟，乞和自虜，欽若猶以城下之盟相譏。彼王安石倡欲取姑予之計，無端而棄地五百。史彌遠出主戰求和之醜，無端而引賊入室，若此者，其何解於寇萊公耶！

王安石變法

王安石當神宗之世，為相凡七年，厲行變法，凡不附和新法者，皆罷斥。得君之專，操政之久，信己之篤，古無倫比。農田、水利、青苗、均輸、保甲、免役、市易、保馬、方田、經義諸法，銳意行之，宜可明效大驗，承平有望矣。乃終神宗之世，未見成功。哲、徽再試，治絲愈紛。於以知變法之難也。

黨禍

　　元祐之世，有蜀黨、洛黨之稱。程頤為洛黨之首，蘇軾為蜀黨之首。兩賢合志同方，出處不異，設使一心合力，同致太平，以成司馬光未竟之業，詎非千載一時之會。乃以師友不同，口語參商，竟致各立門戶，攻詰兢起。初不聞有國家大政之爭行若新法，仕途抵巇怨若牛李也。迨至章惇、蔡京諸小人，得勢專政，程、蘇諸賢，貶竄殆盡。黨議既興，劉摯、王巖叟諸君子，本係超然評論，初不列於蜀、洛之門，乃亦強加以閩黨之名，而一網盡之。小人之害君子，其毒若是。端禮^{門名}之碑，姓名竝列，不分何黨，同罪共誅。諸賢斯時，當亦悔其自壞藩籬矣。

紹述

　　宣仁太后既崩，哲宗親政，用章惇、蔡卞等為相，一意復行王安石之法。因而元祐諸臣，范純仁、呂大防等貶死殆盡。紹述者，紹神宗之志，而述安石之法也。其策出於楊畏，而烈於章、蔡，株連報復，無不託言紹述，以快其私怨。卒之安石之法已復，天下之治未見。後之人披覽史冊，但見紹聖、元符之間，君子道消，小人道長而已。嗚呼！哲宗崩而徽、欽繼，其亡其亡，金虜來矣，國家元氣，斲喪無餘，連袂北狩，舉朝南渡，誰之咎耶？

道學崇黜

何謂道學？儒者遵守堯、舜、禹、湯、文武、周公、孔子之道，面倡明之、光大之，以期人人復其天理之正，抑其人慾之私，以自成其人之所以為人，而自免於禽獸者也，故又謂之理學。宋儒周、程、張、朱，實為道學之宗師。蓋孔孟絕學，周、程、張明之。周、程、張之學，朱熹明之。聖賢之傳，本非有二，而黜道學者，偏分為兩，曰“吾尊孔孟耳，何程朱為？”試問以孔孟何學？程朱何學？則亦茫然不解也。彼先非孔孟，而後黜程朱。欲黜程朱，則不得不陽稱孔孟，要之小人縱其人慾之私，如火燎原，凡不利其人慾之發揚者，無不痛惡而摧殘之。卽使孔孟復生於當日，亦必加以穢名，羣起而鬨之也。是以紹興中禁程學矣，韓侂冑、秦檜等用事，而道學之禁更烈。又以“道學”二字不足為人罪，何澹等更議改道學為偽學，目儒者為妖人，而後肆志排擊，偽學逆黨，姓名著籍矣。程學之禁，始於紹興之六年，為南渡後賊正氣之大者，人之云已，邦國殄瘁，設非慶元之極貶，無以彰淳祐之大明。羣奸易盡，大道常存，鬼蜮有窮，人心未死，彼蠅營者又安在哉？

金史_{元脫脫本，凡}百三十五卷

元順帝時，命托克托等脩遼宋金史。惟《金史》敘事最詳核，文筆亦極老潔，廻出宋元二史之上。蓋《金史》多取材於劉祁《歸潛志》與元好問《壬辰雜編》以成書，又金亡後累朝實錄在順天張萬戶家，《金史》本紀即本張萬戶家之實錄而成。至正中托克托等，於舊史亦多參互校訂，以求得其實，故有良史之稱焉。

金史全目

本紀十九

太祖_{阿骨打，國號金，都會寧。滅遼、攻宋，有今東三省、黃河流域各省，及江蘇、安徽、淮北之地。太祖第四子兀朮胆勇過人，嘗與宋將韓世忠、岳飛相拒於長江及朱仙鎮，江南呼為四太子。凡九主，一百二十年，後為蒙古所滅}

太宗_晟　熙宗_亶　海陵王_亮　世宗_雍　章宗_璟　衛紹王_{允濟}　宣宗_珣　哀宗_{守緒}

志三十九_{從略}

表四^{從略}

列傳七十三^{從略}

國語^{從略}

金史揭要

　　金之先，本肅愼氏，五代時名女眞。阿骨打當遼主至混同江釣魚，故事，千里內酋長皆來會宴，次第命舞，至阿骨打，終不肯舞。後渡江，敗遼師。先有人言女眞兵滿萬，則不可敵，至是始滿萬，即稱天子，是為太祖，國號金，更名旻。與宋徽宗連師伐遼，遼奉表降，弟晟嗣位，竟擾中原，執徽宗、欽宗北去。阿骨打之孫亶繼立，頗英慧，以嗜酒為從弟亮所弒。亮自立，遷都於燕，殘暴被弒，分三十二軍入寇南宋，已過烏江，以殘暴被弒。阿骨打之孫雍立，稱帝東京，改元大定，喜詩書、務儉約，時宋孝宗不稱臣而稱姪。璟嗣立，宋遣韓侂胄來伐，會兵於汴，敗宋師。然是時鐵木眞一起，而蒙古又強盛，黃雀、螳螂，危機巳見矣。雍之子允濟繼立，沙虎弒之。璟之兄珣繼立，乞和蒙古，許以公主，傳子守緒，國日以削。蒙古攻蔡城，守緒自焚而金亡，時宋理宗端平元年也。

元史

　　明宋濂、正禕著，濂仕明為翰林學士承旨，洪武二年，詔總脩《元史》。禕習古學，師事黃潛，初仕元，明太祖嘗謂曰："吾固知浙❶東有二儒，卿與宋濂耳。"洪武二年詔脩《元史》，為總裁官，書成凡二百十卷。然脩成不過一年，故其體例不免率略耳。

　　以事繫日，以日繫月，以月繫年，此本紀體也。至列傳則往往視其事之大小繁簡以為詳略，不必拘拘於時日之細。惟《元史》則不然，中統以前，未有年號，則以甲已紀歲。中統以後，則以年號紀歲。論者謂《元史》列傳，近於記功簿籍類似謄寫吏牘，頗不合於列傳體裁。然記事詳贍，使後世有所考，亦屬史裁之正，固不必以文筆馳騁見長也。

元史全目

本紀四十七

太祖　姓奇渥溫氏，名鐵木眞，蒙古部人，始祖孛端義兒，九世生烈祖。也速該征台台兒部，獲其部長鐵木眞，適生子，因以名之。既嗣位，諸部降服，遂於宋甯宗開禧二年僭稱皇

---

❶　"誒"當爲"浙"。——編者註

帝，廟
號太祖

太宗、定宗　太宗名窩闊台，約宋滅金，女眞百年之業終矣。
遠征西域等國，而欽察之路通矣。定宗名貴由

憲宗　名蒙哥，武揚四海，威
震百蠻惜其享國不久耳

世祖　名忽必烈。帝仁明英武，屢建大功，好征遠夷，開辟疆土，混一區域。文臣如許衡、姚樞等
謀謨廟堂，武臣如伯顏、董文炳等攻城略地。制禮作樂，民物阜康，滅宋襲統，入主中國。
夷狄之盛，
古未有也。

成宗　名鐵木耳。帝承天下統一之後，垂拱而治，詔中
外崇奉孔子，可謂知為政之本，守成之令主也

武宗　名海山。帝總兵北邊，屢立大功，慨然有創制改法之意，故其封爵太盛而遙授之官，
衆賜賚太隆而泛賞之恩濫。及其末年，政出中宮，羣姦相結，圖謀不軌，亦云危矣

仁宗　名愛育黎拔力八達。帝天性慈孝，崇儒愛民。卽位之初，首誅變亂舊章之脫虎脫、三
寶奴等，而以李孟領國子學，興賢育才，孜孜為治。一遵世祖成憲，為元盛德守文之
主，洵
可稱也

英宗　名碩德八剌。帝天性至孝，仁宗歿，不改父政、不改父臣、不黷國法、不納珍奇。用拜住為
相，受張養浩直言，亦明主也。惜其以直諫而殺觀音保，又復果於誅殺以致奸黨畏罪，鐵
失等弑
帝矣

泰定帝　名也孫鐵木耳。帝能
守成法，天下無事

明宗　名和世㻋，
在位半年

文宗　名圖鐵木耳。帝崇重儒術，考索典禮。用張養浩、范悙、吳澄諸君子，君臣恊理致治隆
平。命儒臣準“唐宋會要”輯本朝典故，名曰《經世大典》，可見一時禮樂文物之盛矣

寧宗　名懿璘質班，
在位二月

順帝　名妥懽鐵木耳。帝性柔弱少斷，伯顏、哈麻相繼弄權。徐壽輝、方谷珍、陳友瓊、張士
誠、劉福通、紅巾、白蓮等教遘起，天下大亂。朱元璋兵至通州，帝出奔北去，而元亡矣

志五十三 ^{從略}

表六 ^{從略}

列傳九十七

趙孟頫　字子昂，號松雪道人。善書畫，
宋宗室，仕元官翰林學士承旨　董文炳

帖木耳、不花、木華黎、速不台

竇默、許衡 默仕世祖朝為大學士，面折廷諍，人謂可比汲黯。衡生於金太和元年，原非宋人，好學好道，以道為己任。嘗曰：「綱常當不可一日而亡於天下，苟在上者無以任之，則在下者之任也。」後為集賢殿大學士兼國子祭酒，教諸生以禮，下至童子亦知三綱五常焉

劉因、吳澄 處士。劉因初治經學，究訓詁註釋之說。歎曰：「聖人精義殆不止此。」及見周、邵、程、朱之書卽曰：「我固謂當有是也。」嘗曰：「邵至太也，周至精也，程至正也，朱子極其大、盡其精、而貫之以正也。」澄學主於尊德性，為陸九淵之學派。英宗朝為翰林直學士。所著書有「易、春秋、禮記纂言」及校訂《皇極經世書》《大戴禮》等

葉李 世祖時官右丞，世祖嘗問趙孟頫曰：「葉李與留夢炎孰憂？」孟頫稱留有大臣器。世祖曰：「夢炎在宋為狀元，位丞相，當賈似道誤國，依阿取容，李孟布衣能伏闕上書，直發其奸，是賢於夢炎也。」

伯顏 伯顏仕世祖朝，為中書左丞相。行軍有紀律，能謀善斷，東南之平，伯顏之功居多。按：順帝時亦有一伯顏為右丞相，以專政有異謀，被貶

史天澤 天澤平居，未嘗自矜，其能及臨大節，論大事毅然，以及下之重自任，熟讀《資治通鑒》。嘗謂：「兵民之權不可併於一門，行之請自臣家始。」於是史氏子弟解兵符者十七人，世祖至元中卒。出入將相五十年，上不疑而下不怨，人以比於郭子儀、曹彬云

耶律楚材 楚材博極羣書，旁通天文、地理、律歷、術數之學。太祖定燕，聞其名召之。既滅金，楚材定賦稅、朝議，以為太輕。楚材曰：「作法于涼，其弊猶貪將。來必有以利進者，則今已重矣。」又奏守成者必用儒臣，儒臣之事業非積數十年，殆未易成也。乃請校試之命宣課使隨郡考試，請一衡交鈔法，定均輸，庶政略備，民稍蘇息。為相二十年，每陳國家、生民色懇切太宗嘗曰：「汝又欲為百姓哭耶？」楚材常言：「利興一利不若除一害，生一事不若減一事。」人以為名言

廉希憲 希憲篤好經史，一日方讀《孟子》，聞召急懷以進。世祖問其說，遂以性善、義利、仁暴之說爲對世。祖亲之，目為廉孟子。後為北京行省平章政事。時方尊禮國師，帝令希憲受戒，對曰：「臣受孔子戒矣。」帝曰：「孔子亦有戒耶？」對曰：「為臣當忠，為子當孝。孔子之戒如是而已。」

金履祥、許謙 履祥少從學於王柏、何基二人，蓋得朱熹之傳也。以宋將亡，隱居不仕，居仁山下，世稱仁山先生。著有《通鑑前編》，於《論》《孟》《大學》諸經及《禮》《樂》《書》均有註疏，以授其門人。許謙所著有《讀四書叢說》《讀書傳叢說》《觀史治忽幾微》等書行世，世稱白雲先生

李孟、姚樞、劉宣、賈魯

不忽木 世祖去桑哥而用不忽木為丞相，深得親賢遠佞之體

齊履謙 齊履謙與吳澄同在國學。仁宗朝復以履謙為國學司業，乃立升齋積分之法。每季考其學行，以次第升，既升上齋，踰再歲終與私試，歲於積至八分者為高等。禮部集賢，歲選六人以貢

郭守敬 守敬為太史令，長於天文、水利。自宋以來，獨能任其絕學，以成一代之制。守敬學於劉秉忠，世祖用之，興復門夏濱、五州諸渠，又編授時歷推算極精。仁宗時卒，元代著名之天文家也

拜住 拜住相英宗，有言佛教可治天下者，帝問之，對曰：「清淨寂滅，自治可也。若治天下，舍仁義則綱常亂矣。」帝又謂拜住曰：「今亦有如唐魏徵之敢諫者乎？」對曰：「槃圓則水圖，盂方則水方，有太宗納諫之君，則有魏徵敢諫之臣。」

虞集 翰林學士虞集學博洽而究集本源，世稱邵菴光生。弟槃嘗讀柳子厚《非國語》，曰："《國語》誠可非也，而柳子之說亦非也。"乃作《非非國語》

張養浩 養浩自幼有行義，勤學業，歷仁宗等朝，著書三卷。一曰《廟堂忠告》，二曰《風憲忠告》，三曰《牧民忠告》，世多稱之

脫脫 脫脫仕順帝朝為右丞相。幼時嘗謂其師吳直方曰："使脫脫終日讀書，不若日記嘉言、善行，服之經身也。"伯顏既誅，繼為相，中外翕然，稱名相焉

嶔嶔 嶔嶔仕順帝朝為禮部尚書，制行峻潔，侍經筵旦取四書六經所載治道為帝細繹，必使感動帝衷。帝嘗覽宋徽宗畫，稱善。曰："徽宗多能，惟一事不能。"帝問何事，曰："獨不能为君耳。"

揭奚斯 奚斯有文名，凡三入翰林，本朝掌故靡不閑習。順帝時以老求去，丞相問方今政治何先？曰："儲才為先。養之於位，望未隆之時用之於周密庶務，之後則無失才廢事之患矣。"奚斯少處窮，約事親，菽水粗具而必得其歡心。既貴，衣食稍踰於前，輒愀然曰："吾親未嘗享是也。"生平清儉、友于兄弟，爲文嚴整，朝廷大典冊多出其手。詔脩《宋》《遼》《金》史毅然以筆削自任，殊方絕域咸慕其名

歐陽玄 玄文章道德卓然名世，六入翰林修寶錄、大典、三史，凡大制作多出其手，所著有《圭齋集》行世

儒學 金履祥、許謙、伯顏等

釋老 邱處機等

方伎 劉元等

宦者 李邦甯等

姦臣 阿合馬、鐵木迭兒、哈麻等

元史揭要

儒術

元世北方之學，起自趙復、許衡。尊而明之者，姚樞、竇默也。世祖時有劉因，成宗時有金履祥、蕭㪺、杜瑛，文宗時有吳澄，順帝時有陳櫟、胡一桂、許謙、黃澤，咸明道學。脩經術，傳濂、洛、關、閩之學，家誦戶習，著述之盛，冠於儒林。衡與澄並官國子祭酒，教授諸生，四方誦法。雖難進易退，萬乘賓禮。而朱

絿降志，易簀病慙^{衡，革囑家人，}履祥、劉因等，獨布衣終身，沒稱處士，白璧無瑕，浩然天地。元本夷俗，尊尚佛說，而聖賢道統人之大倫，仍得昭然於中國，歷千載而不墜者，許、吳諸賢與有力焉。

武功

有元開國，武功之盛，甲於歷代。自太祖起兵，滅國四十，既降西夏、取中都，又攻西域至東印度。太宗繼之，滅金侵宋，西征欽察，去中國三萬餘里。迨憲宗又命世祖征大理，兀良合台征交趾，至世祖時已用兵四十餘年。世祖至元十七年統一天下，又攻討三十餘年，混合夷夏，分王宗室。自古用兵之久，國土之廣，未有如此者。惟日本一役，師出無功，與隋煬帝之征高麗同，此亦忽必烈之遺憾也。

佛教之崇

元起朔方，崇尚佛教。錫八思巴以殊號，寵楊璉眞伽為總統。緇流橫行，帝師獨尊，圓符馳驛，美女充堂，撻留守、毆王妃，代歷六君，莫敢問也。

國祚之促

元之開基，武功最盛，宜乎金湯鞏固，享國永久矣。乃傳統十世歷年九十，紅巾一倡，朱氏遂興。論者推原其故，輒謂其教化之未敷，治術之未得，以為有元一代之禍根。初不知太宗以後，爭繼大統，宿將藩王，互為黨與，蒙古分崩，已兆於此。而又加之以漢蒙隔閡，僧徒之騷擾，私戶之據拘，^{擄漢人沒入官為奴}民怨沸騰，盜賊蠭起。雖欲不亡，其可得乎。

治河

元有天下，內立都水監，外設各處河渠司，以興舉水利，脩利河堤為務。決雙塔、白浮諸水為通惠河，以濟漕運，而京師無轉節之勞。導渾河^{即今桑乾河}疏瀹水，而武清平灤無墊溺之虞。浚冶河，障滹沱，而眞定免決齒之患。開惠通河於臨清，以通南北之貨。疏陝西之三白，以溉關中之田。泄江湖之淫潦、立捍海之橫塘，而浙右之民，得免於水患。當時之善言水利，如太史郭守敬、賈魯等，蓋亦未賞無其人焉，一代之事功未可泯也。

交鈔

交鈔之起，始於南宋紹興中。其初沿邊商旅，為便於糴買，較銅賤易於携帶，故均樂用。金章宗時已有老鈔之名，至以萬貫易一餅，鈔之弊極矣。元造交鈔，每年印造之數，自數十萬至數百萬。然只印紙鈔，而元代實未鑄錢，故有元一代，實專用鈔。雖其間令各路立平準行用庫，民之有金銀者，可赴庫換鈔，有鈔者亦可赴庫換金銀。又立回易庫，凡鈔之昏爛者，許就庫倒換。其時丁錢、田賦亦可以鈔完納，故鈔法尚可通行。其後回易庫不能以新鈔易昏鈔，而民間所存昏鈔，又不能納賦稅、易貨物，於是遂成廢紙。歷元及明，交鈔永為民患矣。

彌勒佛之謠

　　順帝至正十一年，劉福通、徐壽輝等作亂，皆以紅巾為號。韓山童祖父，以白蓮會燒香惑眾，至山童倡言天下大亂，彌勒佛下生，河南及江淮愚民信之。福通等詭言山童當為中國主，遂同反。後山童被擒，其子韓林兒與劉福通合，遂陷開封。自是以後，郭子興、方谷珍、張士誠等紛起，而朱元璋遂得削平羣雄，統一中國，漢族復興，而元亡矣。

明史

　　清張廷玉等撰，凡三百二十六卷。近代諸史，自歐陽公《五代史》後，《遼史》簡略，《宋史》繁蕪，《元史》草率，惟《金史》行文雅潔、敘事簡括，稍為可觀，然未有如《明史》之完善者。蓋自康熙十七年，用博學鴻詞諸臣，分纂《明史》。葉方靄、張玉書總裁其事，繼又以湯斌、徐乾學、王鴻緒、陳廷敬、張英先後為總裁官。諸纂脩又皆博學能文，論古有識。後玉書任志書，廷敬任本紀，鴻緒任列傳，至五十三年，鴻緒傳稿成表上之，而本紀、志、表尚未就，鴻緒又加纂輯。雍正元年，再表上。後又命張廷玉等為總裁，就鴻緒本，選詞臣再加訂正。乾隆初，始刊行之。蓋閱六十年而後訖事，古來脩史未有如此之日久而功深者也。且其脩於康熙時，去前朝未遠，見聞尚接，故事迹原委多得其眞。非同《後漢書》之脩於宋，《晉書》之脩於唐，徒據舊人紀載而整齊其文也。又經數十年參考、訂正，或增或刪，或離或合，故事益詳，而文益簡。蓋以是非久而後定，執筆者無所徇隱於其間，益可徵信。非如元末之脩宋、遼、金三史，明初之脩《元史》，時日迫促，不暇致詳，而潦草完事也。

明史全目

本紀二十四

太祖 姓朱，名元璋。少為皇覺寺僧，繼隨郭子興起兵，子興死，諸將奉帝為吳國公。削半張士誠、陳交諒等，克元都即帝位，號洪武，都金陵。當時若李善長之轉餉比於蕭何，徐達之將略擬於韓信，劉基之智謀埒於張良，而常遇春、李文忠、湯和、沐英、傅友德等亦皆一時名將。凡十有五年，佐帝以成帝業。即位之後，重儒臣、修女誠、置屯衛、興學校、禁武臣預民事，誠為開創英明之主也

惠帝 名允文，國號建文。燕王棣既克金陵，帝出奔

成祖 名棣，太祖第四子，封於燕。建文即位，遂起兵反，卒克金陵，即皇帝位嗣，定都北京。銳意求治，而夏元吉、楊榮、楊士奇等皆一時名臣，相與佐理。論者謂永樂之治有貞觀之風，惜其任中官立東廠，果於誅殺，戮及忠良。此永樂之所以為永樂也

仁宗 名高熾。監國二十年，兢兢業業，幾遭讒搆。即位僅一年而用夏原吉、楊士奇等輔政，皆一時賢臣也。詔舉賢才，詔求直言，設法司慎刑詔免山東、淮、徐租稅之半，皆善政也。仿之漢文、宋仁，有足多者

宣宗 名瞻基。恪遵祖訓，守成令主。揭豳風圖於殿壁，足徵重農之心。作官箴以戒羣臣，可見為政之勤。而討高煦、安高燧，則帝忠厚之誠昭然矣

英宗前紀 名祁鎮。幼冲即位，太皇太后既賢，三楊輔政，國紀整肅，無可非議。迨至太皇太后既歿，王振弄權，也先入寇，遂致土木之變，而帝被擄矣

景帝 名祁鈺。英宗北狩，中國無主，也先入寇，于謙迎立宗帝於危難之中，帝於多難之秋識于謙之忠貞，能獨任之，以轉危為安，亦良主也。英宗既還，奪門復位，景泰之治於焉告終。惜哉！

英宗後紀 帝在虜中八年，後得生還，乃以石亨、曹吉祥、徐有貞等謀奪門復位，竟殺支持危局之于謙，則其利慾薰心，為何如耶！

憲宗 名見深。成化初政亦有可觀，迨至彭時、商輅相繼去位，而內寵萬妃，外召強寇，又復設西廠以任汪直，龐信宦官以紊朝政，朱氏之德衰矣

孝宗 名右鐙。弘治即位任賢選能，李東陽等同必輔政，亦一時之令主也

武宗 名厚照。正德之世無一善政，劉瑾八黨蠹政害民，宸濠之叛幸有王守仁起兵贛州。元兇就縛，而帝則遨遊無度，身死豹房，真朱氏之不肖子矣

世宗 名厚熜。嘉靖之間，邊境入寇、小王子入寇，邊患急矣。乃帝任嚴嵩朝，尚復慮何朝廷耶

穆宗 名載垕。楊盛忠海瑞。於獄文臣則任張居正舒，是可查強人意耶

神宗、光宗 神宗名翊鈞，稍正育沃獄方，萬歷初政未可厚非。江陵既卒，遂三十餘年不上朝，章奏留中，邊軍日益壞，而東林黨浙党火紛爭矣。光宗名常洛，在位一月而崩

熹宗 名由校。天啓之朝，權閹魏忠賢勾結客氏，表裏為奸。陽漣劾其二十四罪，帝不能察。一時正人君子皆被貶斥，彌留之際，又殷殷以用魏閹為囑，真所謂至死不悟者

莊烈帝 名由檢。崇禎非亡國之君，然自正德以後，主怠臣驕閹寺弄權，元氣已亡，不可救藥。李自成、張獻忠等流寇一起，卒覆明社。而帝以身殉國，良可悲矣！

<h1 style="text-align:center">志七十五_{從略}</h1>

<h1 style="text-align:center">表十三_{從略}</h1>

<h1 style="text-align:center">列傳二百二十_{摘錄}</h1>

方孝儒 孝儒字希直。有明一代理學家首推方孝儒，世稱正學先生，靖難死節。迨至中葉則王守仁，世稱陽明先生。明季則顧憲成，世稱涇陽先生。皆理學之大師也

藍玉、馮勝、楊璟、鄧愈、湯和、沐英、廖永忠 皆明初名將

徐達、常遇春 達佐太祖定天下，功第一。言簡慮精，善枘循，尤嚴戢步伍。所平大都二、省會三、郡邑百餘，閭井晏然。遇春沉鷙果敢，軍中稱為常十萬。平定薊北，元順帝奔和林，遇春之功也

李善長、汪廣洋 善長習法家，言有智計，從太祖最早。帝出征，皆令善長居守。轉調兵餉，比於漢之蕭何。帝即位，拜左承相，廣洋為右承相。善長性忮刻，廣洋性褊淺，以故功業不終

劉基、宋濂 基字伯溫。元至順間舉進士，明太祖幸汴梁，基與李善長居守。基謂宋曰：“元以寬縱失天下，今宜肅紀綱，令御史糾劾無所避，皆啟皇太子置之法。”基慷概有大節，論天下安危義形於色，帝察其至誠，任以心膂。每召見，輒屏人密語，移時知無不言暇則敷陳王道，帝每恭已以聽。曰：“吾子房也。”基佐定天下，料事如神，性剛嫉惡，與物多忤。後歸隱山中，口不言功。嘗謂其子曰：“為政寬猛如循環，當今之務，在脩德省刑，祈天永命，諸形勝要害之地，宜與京師聲勢連絡。基為文章氣昌而奇，與宋濂並為一代所宗，所著有《覆瓿集》《犁眉公集》行世。但世所傳多陰陽神奇之說，非其至也

齊泰、黃子澄 建文朝泰及子澄主削諸王，遂激成燕王棣靖難之變，燕兵既破京師，二人皆被殺

鐵鉉、王艮 靖難中死節之臣

姚廣孝 初名道衍，為僧。太祖時分遣高僧侍諸王，道衍至燕後，與燕王棣謀起兵。靖難之役，道衍功居第一。復姓姚氏，賜名廣孝，為太子少師

解縉、胡廣 永樂十二年，命翰林學士胡廣等脩五經四書，及宋儒性理之書

楊士奇、楊榮、楊溥 英宗正統中，三人俱為大學士，同心輔政。士奇有學行，通達國體。榮謀而能斷。溥有雅操。時論賢之，號稱“三楊”。故英宗

初，政無失德，迫王
振用事，大亂作矣

劉維謙　維謙於太祖朝為刑部尚書，
　　　　定《大明律》，凡六百有六條

蹇義、夏原吉　義歷事六朝，性謙約，至議典法，不苟為包容。原吉有雅量，嘗曰："處有事
　　　　　　　當如無事，處大事當如小事，若先自張皇，則此中無主，何能應事？"原吉與
蹇義皆起家太祖，時義秉銓政，原吉筦度支，皆二十七年，時人稱
曰："蹇夏。"義為吏部尚書，原吉為戶部尚書，皆卒於宣宗朝

劉球、王朴、薛瑄、李時勉、羅汝敬　均以直諫
　　　　　　　　　　　　　　　　　下獄之臣

萬安、石亨、徐有貞　有貞原
　　　　　　　　　　名徐珵

吏治，整邊備，綜核名實，信賞必罰，為相十年，海內
稱治，世所稱為張江陵者是也。後為張誠所譖，籍其家

嚴嵩、嚴世蕃　嘉靖朝嵩為相，世宗居西苑，大臣希得見，惟嵩獨承顧問。帝所下手詔，語
　　　　　　　多不解，惟嵩子世蕃一覽了然，以故嵩得逞志為奸。後以貶死，世蕃伏誅

申時行、沈一貫、方從哲、海瑞、沈鍊

利瑪竇、湯若望　皆西洋人，
　　　　　　　　精　曆　法

顧憲成　憲成，無錫人，萬歷中進士，官吏部，文選郎中，後以故削籍。里中故有東林書院，宋楊
　　　　時講學處也。憲成偕同志高攀龍、錢一本等講學其中，海內聞風景附，往往諷議時政，裁
量人物，朝士騖之，亦遙相應和，由是東林名大著而忌者亦多。其後孫丕揚、鄒元標、趙南星等相繼講
學，自負氣節，與政府相抗，是為東林黨之始，而以憲成為之首。憲成少時即有志聖學，迫削籍，里居益
覃精研究，以程朱為宗，學者稱為涇陽先生。天啟中，魏忠賢亂政，榜東林黨人姓名示天下，
並殺高攀龍等，毀天下講學書院。蓋是時，宦官領東廠，殘害正人，故東林黨人受其荼毒也

趙南星、葉向高、劉一燝、吳中行、呂坤、周順昌、高攀龍

楊漣　熹宗朝官左副都御史，疏論魏忠賢二十
　　　四大罪，為忠賢所陷，死於獄，諡忠烈

左光斗、劉宗周、魏大中、林釬

焦芳、仇鸞、江彬

熊廷弼　光宗朝為兵部尚書。清兵攻遼急，楊鎬既喪師，乃命廷弼經略遼東。未出關，開原、鐵嶺
　　　　相繼失守，瀋陽及諸城堡軍民一時盡逃，遼陽洶洶。廷弼兼程進督軍士，法嚴令行，守備
大固。天啟中，瀋陽、遼陽繼失陷，詔起廷弼於家，經略遼東，廷弼建三方布置策。而巡撫王化貞與廷弼
不和，廷弼主聯絡，朝鮮與登萊聲息相通，乃兵力未集。兵部尚書張鶴鳴袒化貞，輒趣廷弼進取以亂三
方，並進之謀，卒以經撫不和，化貞大敗，廷弼亦退入關，竟棄市。蓋是
時丁紹軾、馮銓皆以媚魏忠賢入閣，忠賢嫉廷弼，故丁馮等卒成其獄云

袁崇煥　崇禎元年，崇煥為兵部尚書，督師薊遼以備清。二年冬，清兵自洪山口入進薄都城，京師
　　　　大震。崇煥以清兵所破陸口乃薊遼總理劉策所轄，自謂千里入援，無罪。會清廷設間謂與
崇煥有成約，朝士遂誣其通敵，帝信之，乃下崇煥於獄。祖大壽、何可剛聞之，乃率部毀山海關出走，遠
近大震，大學士成基命言於帝，就獄中取崇煥手書招之，督師孫承宗亦遣使追撫，大壽乃歛兵待命。三年
秋，竟殺崇煥，天下冤
之，後人稱為袁督師

盧象昇　崇禎朝為兵部尚書，總理江北、河南、山東、湖廣、四川軍務討流賊。是時李自成、張獻
　　　　忠等賊已蔓延半天下，陳奇瑜既以討流賊敗潰下獄，帝以洪承疇代之，至是承疇一人不能
顧，乃擢象昇總理。象昇辦東南，承疇辦西北。後以清兵入牆子口，京師戒嚴，詔入衛。與大學士楊嗣昌
議不合，蓋嗣昌主和也。自是嗣昌輒從中牽掣，象昇名為督天下兵，實不過二萬師。至鉅鹿與清兵大戰，

兵盡援絕而死，天下聞之莫不歔欷流涕。

其後南都亡，一門先後死難者共百餘人

范景文　李自成破京師，崇禎帝崩於萬歲山，大學士范景文死之，尚書倪元璐等均死難

周遇吉　明末遇吉為寧武關總兵，李自成圍之，城破巷戰，矢集如蝟毛。被執，罵賊而死。其妻劉氏率婦女登屋射賊，闔家死難

李國禎、袁應泰、孫承宗、孫傅廷、何騰蛟、秦良玉

楊嗣昌、謝陞、陳新甲、方一藻　崇禎中，兵部尚書楊嗣昌主和議，清太宗亦屢遣使義和。兵部尚書陳新甲以南北交困，請主款。東閣大學士謝陞在帝前進曰：「倘肯議和，亦可恃。」帝遂以和事論新甲，密圖之而戒其勿洩。已而言官謁陞，陞言上意主和，諸君幸勿多言。於是言官交章劾陞，遂罷相，新甲亦以此得罪。遼東巡撫方一藻亦主和，黃首周力劾之。當是時，內有流寇，外有強敵，和既不能，戰又無力，遂束手待亡矣

史可法　崇禎十七年，甲申之變，莊烈帝既殉國，福王既位南京，是為宏光。帝以可法為兵部尚書、大學士，督師揚州。時北京已失，清多爾袞致可法書勸降，可法拒之，城陷被殺，後人稱可法為史閣部

賀逢聖、倪元璐

黃道周、瞿式耜　北京既失，明裔唐王入閩，黃道周等立之，不久及於難。瞿式耜等又立桂王於肇慶，後出走緬甸

鄭成功　明亡，鄭成功據臺灣

洪承疇、祖大壽　崇禎末，清兵攻錦州，薊遼總督洪承疇禦之，戰於松山，大敗，承疇及祖大壽皆降於清

吳三桂、耿精忠、尚可喜　三人皆明末將，降於清，皆封王。清康熙時，議撤藩以削其兵權。三桂首先舉兵於雲南，精忠據福建。是時可喜已死，可喜子尚之信據廣東，均附三桂，旬月間，雲南、貴州、四川、湖南、廣西等省亦附三桂，三桂自稱周帝，置百官。三桂旋病死，其孫世璠奔雲南，後均為清所滅。所謂明三藩者是也

文苑　趙撝謙、唐寅、文徵明、歸有光、徐渭、李流芳、董其昌、米萬鍾、張溥等

隱逸　倪瓚，沈周等

方伎　張三丰等

宦官　鄭和下南洋。侯顯使西番。馬騏鎮交趾。馮保、王安、王承恩崇禎帝殉國，承恩從死

宦官　王振、汪直、曹吉祥、劉瑾、魏忠賢等

姦臣　胡維庸、嚴嵩、溫體仁、阮大鋮等

流賊　李自成，張獻忠

明史揭要

武功

明太祖起布衣，以驅胡元，削平羣雄，收復故物，堂堂正正，實為英主。高麗、交趾、緬甸、安南，相繼臣服。置哈密七衞，而西北以安。築瀕海成，置衞淅東西，而倭患有備。置兵大寧，又設泰寧、朶顏、福餘三衞，而漠北之王庭以空。洪武之世，武功可謂盛矣。靖難兵起，燕王棣慮寧王權之躡其後也，乃誘執權，奪其衆及朶顏、泰寧、福餘三衞。大寧既空，自壞藩籬，誰為厲階，鑄此大錯。成祖即位之後，雖累年北征韃靼、瓦剌，迭有斬獲，然無故而棄數千里之屏藩，始謀不臧，貽子孫憂矣。宣德之世，又徙開平衞於獨石，賊進我退，其禍已兆。也先入寇，英宗北狩（土木之變），雖有長城不足自保。自是而後，徙沙河衞於山東，徙哈密衞於苦峪，而套寇（小王子毛里孩、火篩等均據河套）猖獗，不復能制。嘉靖（世宗年號）中朶顏三衞犯遼東，俺苔犯京師，而嚴嵩方且以寇飽自颺為得計，任其據掠，一籌莫展，尚復成何國家耶！迨至萬歷（神宗年號），且棄六堡，不顧遼左矣。天啟且棄廣寧，退守關內矣。莊烈雖賢，又何濟哉！總觀明世邊患，始而瓦剌（也先），繼而韃靼（小王子等），繼而俺苔，繼而女眞，雖有九邊之備，三邊之防，而卒惰將驕，民心已失，雖有賢者，亦無如之何矣。

吏治

太祖起閭右，諗知墨吏為民害，嘗以嚴刑處之。是蓋鑑於元末吏治之壞，法令廢弛，故不得不重懲貪吏，力矯其弊也。洪武十八年，詔盡逮天下官吏之為民害者，赴京師築城，甚或梟首。剝民之請留良吏，因而擢進者，亦數見不鮮。內而部郎、御史，外而牧令、郡守，多由大臣薦舉。又不時遣大臣巡行天下，考察官吏。故自洪武以來，吏治澄清者百餘年，大法小廉，幾有兩漢循吏之美。當英宗、武宗之時，內外多故，而民心無土崩之虞，由吏鮮貪墨故也。嘉靖隆慶以後，吏部考查之法，徒為具文，而人皆不自顧惜。撫按之權太重，舉劾惟賄是視，人皆貪墨以奉上司。於是吏治日壞，民生日蹙，而國亦遂亡。徒法不行，信哉！

分封宗藩

明太祖既定天下，分封諸子於各地為王，凡二十四人^{洪武三年，封子九人為王。十一年，封子五人為王。二十五年，封子十人為王。}盖仿漢、晋、六朝及有元之制，而參酌之。其有才者如燕王棣、晋王棡，且使統兵，以鎮邊塞，以故威權尤重。其在內地者，則設護衛以崇其體制，雖無兵柄，實有威嚴，其勢然也。太祖既崩，建文甫立，燕王起兵以奪大位，所謂"靖難之役"是也，同室操戈，明室封建之弊，已兆於此。宣宗宣德元年，漢王高煦反。武宗正德五年，安化王寘鐇反；十四年，寧王宸濠反。揆其事迹，與漢之七國、晋之八王，如出一轍。而王府之在外郡者，其勢力又足以病民，以故奪民田、毆官吏，收藏亡命，肆行不法。數傳而後，支庶蕃衍，無益於國，坐耗民脂。終明之世，不能革也。

三案

梃擊、紅丸、移宮，此三案也。三案之起伏，與東林黨人之進退，息息相通。終明之世，直以此三案為君子小人相攻之機，讀史者不可不知也。萬歷四十三年，有男子張差持梃入慈慶宮（光宗為太子時所居），至前殿，為內侍所執，太子奏聞，尚書張問達請移入法司刑訊。帝以事連鄭貴妃，恐付外益滋口實，乃戮差及寵保、劉成（皆鄭貴妃宮內奄人），事遂止。此梃擊一案也。光宗甫即位數日，即病劇，鴻臚寺張可灼進藥一丸，帝稍覺舒適，又進一丸，帝遂崩。此紅丸一案也。光宗初即位時，鄭貴妃（神宗妃）尚在乾清宮，乃厚結李選侍（時選侍最得光宗寵）及帝崩，閣臣劉一燝等恐鄭、李危害太子，不宜同居乾清宮。於是左光斗等力請妃及選侍移居噦鸞宮，此移宮一案也。此後廷臣因此三案，迭起爭議，無不藉此以為排斥異己之具，此三案遂啓日後無窮之糾紛。蓋緣萬歷中，顧憲成、高攀龍等講學於東林書院，清流之士，羣相應和。其名行聲氣，足以奔走天下。當三案之起，主持最嚴厲者，皆為東林黨人。萬歷末年，東林已排斥殆盡。光宗熹宗之際，葉向高再相，與劉一燝等復起用東林。及趙南星長❶吏部，又盡斥攻東林者。於是怨者遂附魏忠賢，借其力以圖報復，而東林黨人遂一網而盡。倪元璐云：“三案在逆奄（指忠賢）未用之先，雖甚水火（言主張不同），不害塡箎。逆奄得志後，逆奄殺人，則借三案。羣小求進，則借三案。有此二借，三案全非矣。”此持平之論也。

---

❶ 當爲“掌”。——編者註

三廠

明代宦官之禍，不減於漢、唐。成祖_{永樂}立東廠，以內監掌之，令刺探外事，中官之勢日重。憲宗_{成化}時，復立西廠，以內監汪直主之。武宗_{正德}之時，又立內廠，以內監劉瑾主之，其權更重，并東西廠亦在監察之列，是謂三廠。終明之世，宦官之害之所由烈也。明自太祖開國，著令內官不得與政事，不令讀書，備取掖庭給洒掃而已，立法非不善也。成祖靖難兵起，中官多為內應，由是帝以為忠於己。故永樂中，遣中官侯顯通西番，馬彬使瓜哇、蘇門荅剌，李興使暹羅，尹慶使滿加剌、柯枝，而鄭和率師下西洋、耀兵異域，山壽帥師出雲州。宦官典兵，實自此始。其初不過使中官偵事，以防擁蔽，繼則典兵分鎮。倉場、銀壙、市舶、織造，無處無之。內則窟穴宮闈，外則廣布黨羽，誤國亂政，以迄於亡。而王振、汪直、劉瑾、魏忠賢，其尤著者。當其始，奉令奔走，非無幹才。數傳而後，遂成積重難返之勢。然其竊弄權柄，實皆由於人主之昏庸。試觀世宗馭內侍最嚴，四十餘年未嘗任以事，故嘉靖中無宦官之專政。則知作之俑者，實永樂矣。

土木之變

明英宗正統十四年，瓦剌入寇。是時宦官王振方用事，乃勸帝親征，師次土木堡，為也先_{瓦剌酋}所擄，是為土木之變。當是時也，三楊_{楊士奇等}已卒，權奄方興，本無寇準之才，詎有澶淵之效。車駕北狩，辱同徽、欽，誰實為之？王振喜寧之肉，庸足食乎？郕王奉皇太后命卽帝位，是為景帝，非有篡奪之嫌也。于謙等乃心王室，支持危局，非以嗣君為利也。英宗幸而生還，迎居南宮，斯可已矣。乃石亨、徐有貞輩，共謀復辟，以圖富貴。廢郕王、殺于謙，奪門之役^{英宗復位，奪門而入}論，者鄙之。推原禍始，則宦官也。

甲申之變

　　崇禎十七年，甲申三月，流賊李自成陷京師，懷宗^{莊烈帝}殉國，大學士范景文、尚書倪元璐等死之，明亡，是為甲申之變。明之流賊，最著者二，一曰李自成，一曰張献忠。自成，陝西米脂人，以犯法逃入甘肅為兵，旋升把總，以殺王衆將遂為盜。献忠，膚施人，初為盜，崇禎四年，就撫於洪承疇，五年復叛。二賊自崇禎初年，卽露頭角，擾攘十餘年，竟覆明社。比之漢之黃巾，唐之黃巢，其禍尤烈。內亂不清，外患必起，讀懷宗衣襟之詔，不禁令人長太息也。

附錄一：史部書目
正史、編年史、紀事本末已詳前，此僅
述史類之習見者，其已列於子部者不錄

《逸周書》

《國語》^{左丘明}

《戰國策》^{左丘明}

《竹書紀年》

《穆天子傳》

《越絕書》

《吳越春秋》

以上古史類。

《玉函山房輯逸書史編》^{清馬國翰}

《路史》^{宋羅泌}

《伏侯古今注》^{漢伏無忌}

《貞觀政要》^{唐吳競}

《涑水紀聞》^{宋司馬光}

《歸潛志》^{元劉祁}

以上雜史類。

《闕里文獻考》^{孔繼汾}

《名臣言行錄》^{宋朱子}

《先正事略》^{清李元度}

以上傳記類。

《陸宣公奏議》_{唐陸贄}

《胡文忠公奏議》_{清胡林翼}

《曾文正公奏議》_{清曾國藩}

以上奏議類。

《通典》_{唐杜佑}

《通志》_{宋鄭樵}

《通考》_{元馬端臨。以上稱三通}

　　"續通典　通志　通考"_{以上稱六通，乾隆}

　　"清皇朝通典　通志　通考"_{以上稱九通，乾隆}

《文献通考》_{元馬端臨}

以上政書類。

《崇文總目》_{宋王堯臣}

《郡齋讀書志》_{宋晁公武}

《子略》_{宋高似孫}

《四庫全書總目》_{清乾隆}

《書目答問》_{清張之洞}

以上譜錄類。

《續通鑑論》_{明王夫之}

《歷代史論》_{明張溥}

《御批通鑑輯覽》_{乾隆}

以上論史類。

251

附錄二：二十四史簡明表清乾隆時所定正史

書名	撰著姓氏
史記	漢司馬遷
前漢書	後漢班固
後漢書	宋范曄
三國志	晉陳壽
晉書	唐房玄斷
宋書	梁沈約
南齊書	梁蕭子顯
梁書	唐姚思廉
陳書	唐姚思廉
後魏書	北齊魏收
北齊書	唐李百藥
周書	唐令狐德棻
隋書	唐魏徵
南史	唐李延壽
北史	唐李延壽
舊唐書	後晉劉昫
新唐書	宋歐陽脩
舊五代史	宋薛居正
新五代史	宋歐陽脩
宋史	元托克托
遼史	元托克托
金史	元托克托
元史	明宋濂
明史	清張廷玉

編後記

　　《經史子集要畧》以《四庫全書》中經、史、子、集的分類順序為線索，對我國古代典籍進行了簡要梳理。全書從經、史、子、集四部分別展開介紹。其中，經部主要介紹《詩經》《尚書》《禮記》《春秋》《左傳》等正統的儒學十三經，史部對二十四史作了概述，主要包括《史記》《漢書》《三國志》等各代正史，子部介紹了儒家、道家、法家、墨家、陰陽家等諸子百家及其思想，集部則梳理了中國古代的文集和詩集等。全書在介紹這些傳統典籍時，雖文字簡要精煉，但卻幾乎包羅了中國古代各種主要的思想之精粹、智慧之精華，且其中不乏深刻獨到之見解，是一般讀者瞭解國學的一本極好參考書。

　　《經史子集要畧（上）》以三友圖書社 1935 年印行的《經史子集要畧》為底本，選取原書經和史的部分進行整理。在整理過程中：首先，將底本的豎排版式轉換為橫排版式，以便於今人閱讀；其次，在語言文字方面，則基本尊重底本原貌，尤其是在字詞的使用方面，遇與今有異之處，若不影響閱讀和理解，均不作改動。與現代漢語相比較，這些字詞現象總體上都屬於民國時期文言向現代白話過渡過程中的一種語言現象，為民國圖書整體特點之一。對於此類問題，均以尊重原稿、保持原貌、不予修改的原則進行處理；再次，對於原書中偶有的錯誤，無論其為作者之誤亦或民國本印刷之誤，均以“編者註”的形式進行修正或解釋，最大可能地消除讀者的困惑。由於水平有限，難免有所錯漏，敬請讀者諒解。

文　茜
二零一二年九月

《民國文存》第一輯書目